Helmut Ivo

Familienforschung leicht gemacht

SERIE PIPER

Zu diesem Buch

Familienforschung ist ein Hobby mit höchster Suchtgefahr. Und gleichzeitig eines, bei dem Lust und Frust ganz eng beisammen liegen. Immer aber ist sie spannend wie ein Krimi. Der erste Schritt, das Sammeln der Daten der nächsten Verwandten, geht noch sehr leicht, doch bald kommt der Moment des Stillstands. Dieses Buch hilft weiter: Welche zusätzlichen Informationsquellen stehen zur Verfügung, welche davon sind wirklich zu empfehlen? Wohin soll ich meine schriftlichen Anfragen richten, vor allem, wenn die Familiengeschichte in andere Staaten zurückreicht? Neben Musterbriefen an Pfarreien und Ämter in verschiedenen Sprachen gibt der Autor ganz praktische Tipps: Wie halte ich meine Informationsfülle übersichtlich? Was kann ich tun, wenn keine Antwort kommt? Wann ist wohl die Familiengeschichte wirklich nicht mehr weiter zurückzuverfolgen? Dieses Buch bietet eine Vielzahl von nützlichen Hinweisen und darüber hinaus anhand persönlicher Erfahrung auch manche unterhaltende Anekdote aus dem Alltag eines Forschers.

Helmut Ivo, geboren 1938, Studium der Zeitungswissenschaft und Germanistik, Journalist und Autor. Er war stellvertretender Chefredakteur einer österreichischen Internet-Zeitschrift und befasst sich in seinen Publikationen vor allem mit den Themen Konsumentenschutz, Gesundheit, Naturheilkunde, Reisen und in letzter Zeit mit Archäologie und Familiengeschichte.

Helmut Ivo

Familienforschung leicht gemacht

Anleitungen, Methoden, Tipps

Vorwort von
Jürgen Udolph

Piper München Zürich

FSC

Dieses Taschenbuch wurde auf FSC-zertifiziertem Papier gedruckt. FSC (Forest Stewardship Council) ist eine nichtstaatliche, gemeinnützige Organisation, die sich für eine ökologische und sozialverantwortliche Nutzung der Wälder unserer Erde einsetzt (vgl. Logo auf der Umschlagrückseite).

Ungekürzte Taschenbuchausgabe
Piper Verlag GmbH, München
1. Auflage Januar 2006
3. Auflage Mai 2007

unter dem Titel: »Familienforschen leicht gemacht«
Umschlag / Bildredaktion: Büro Hamburg
Heike Dehning, Charlotte Wippermann,
Alke Bücking, Kathrin Hilse
Umschlagabbildung: Johann Friedrich Oldach (»Die Familie des Bäckers«; Bridgeman Giraudon)
Satz: Niederösterreichisches Pressehaus
Papier: Munken Print von Arctic Paper Munkedals AB, Schweden
Druck und Bindung: Clausen & Bosse, Leck
Printed in Germany ISBN 978-3-492-24606-4

www.piper.de

Inhalt

Vorwort	7
Vorfreude	11
Der erste Schritt	16
Zerlegen Sie Ihre Wohnung, Ihr Haus!	21
Eine Reise in die Vergangenheit	29
Ohne Ordnung geht es nicht!	35
Nicht nur Schall und Rauch	41
Die erste Hilfe kostet nichts!	49
Ergänzen Sie Ihr Basismaterial!	58
Reden, schreiben, weitersuchen!	64
Wenn ein Familienereignis zum Treffen ruft	73
Sind Sie schon online?	80
Adressen, Adressen und noch einmal Adressen	96
Welch ein Glück, dass es Cyndi und Co gibt	108
Helfer gibt es überall	122
Der schwierige Weg ins Ausland	132
Andere Religionen – andere Volksgruppen	143
Alte Schriften lesen ist nicht einfach	148
Eines Tages versperrt eine Mauer den Weg	152
Irgendwann geht es wirklich nicht mehr weiter	157
Wichtige Ratschläge, Tipps und Hinweise	160
Anhang – Die wichtigsten Adressen	163
– Formulare	173

Vorwort VON JÜRGEN UDOLPH

Was als interessante Abendunterhaltung begonnen hat, kann zur Sucht werden: die Suche nach den eigenen Vorfahren, nach der Geschichte der Familie, nach den eigenen Ursprüngen, nach Verwandten und Verstorbenen, nach den Wurzeln, aus denen man herkommt. „Es ist ein Ros′ entsprungen", heißt es in einem Kirchenlied, das vor allem in der Weihnachtszeit gern gesungen wird. Der Text ist verändert worden, ursprünglich lautete er: „Es ist ein Reis entsprungen." Gemeint ist ein neuer Zweig, ein Schössling, ein Abkömmling, ein neuer Spross der Familie. Wir alle sind Abkömmlinge und Nachkommen unserer Vorfahren. Ist es da nicht erklärlich, dass oft die Frage gestellt wird: Wo komme ich eigentlich her, wer sind meine Vorfahren, was wissen wir über sie und was kann ich über sie erfahren?

In diesem Buch wird auf anschauliche, plastische und leicht verständliche Weise der Weg beschrieben, wie man Genealogie oder Familienforschung betreibt. Der Leser erfährt, worauf man als Anfänger achten muss, welche Wege man einschlagen sollte, welche Hilfsmittel unentbehrlich sind, wie man das Internet, die neue große Quelle der Information, nutzen kann u. a. m.

Familienforschung ist eng gekoppelt mit dem Familiennamen, ja, im Grunde genommen ist sie ohne Kenntnis und Berücksichtigung der Namen nicht möglich. Am Anfang mag noch die Auskunft der lebenden Familienangehörigen über Großvater und Großmutter ausreichen, aber bei der ersten Suche nach einem nicht mehr lebenden Vorfahren muss man sich vom Namen leiten lassen, es gibt kaum eine andere Möglichkeit. Und unversehens ist man in einen Bereich gelangt, der viele Genealogen vor Probleme stellt: der in jüngster Zeit einheitliche Familienname zeigt in früheren Generationen gelegentlich ein uneinheitliches Bild, die Schreibung wird unsicher, Varianten setzen ein, Probleme der Zuordnung treten auf. Dabei handelt es sich keineswegs immer um leicht zu durchschauende jüngere Eindeutschungen, etwa wenn sich eine aus Schlesien stammende Familie *Grzeszynska* in der neuen deutschen Heimat Gerstner schreibt, oder wenn slavische Konsonantenkombinationen wie *-szcz-*, *-cz-*, *-rz-* als *-schtsch-*, *-tsch- oder -sch-* wiedergegeben werden.

Das Problem liegt tiefer: In früheren Jahrhunderten wurde etwa der ein Kind zur Taufe anmeldende Vater vom Geistlichen nach seinem Familiennamen gefragt. Dieser antwortet, vielfach als Analphabet des Schreibens unkundig, in seiner Mundart. Der Kirchenmann notiert den Namen, allein an der Aussprache orientiert und oft ohne Kenntnis der mundartlichen Besonderheiten. Man kann sich vorstellen, was dabei herauskommen kann. Wir kennen Fälle, in denen ein und derselbe Standesbeamte den identischen Familiennamen bei vier Geschwistern in vier unterschiedlichen Schreibungen festgehalten hat! Was oder wer hilft in diesen Fällen? Fast nur eine sprachwissenschaftliche Beratung von Fachleuten, die sich in der Geschichte der in Frage kommenden Sprachen und vor allem auch der jeweiligen Dialekte auskennen und um die Probleme wissen, die sich aus den Berührungen zwischen Hochsprache und Dialekt oder zwischen zwei Sprachen ergeben können.

Ein zweiter Punkt, der auch in diesem Buch angesprochen wird, ist die Frage, ob die Behandlung der Familiennamen überhaupt zur genealogischen Forschung gehört. Diese Frage ist durchaus berechtigt, zumal der Familienforscher nur in den seltensten Fällen über das Rüstzeug verfügt, der Bedeutung der Namen nachzugehen. Hinzu kommt, dass die früher in den Schulen vermittelte Kenntnis sprachhistorischer Zusammenhänge (man musste sich z. T. mit mittelhochdeutsch und althochdeutsch „herumschlagen") immer weiter geschrumpft ist und auch Studierende der Germanistik kaum noch mit der Geschichte des Deutschen behelligt werden. Während man sich mit großem Eifer der Genforschung zuwendet und immer besser erkennt, wie der Mensch auch durch die Gene seiner Vorfahren geprägt und bestimmt ist, hat die sprachwissenschaftliche Ausbildung der letzten Jahrzehnte das historische Wachsen der Sprachen und Dialekte immer weniger im Blick. Das ist umso bedauerlicher, als Unregelmäßigkeiten der Gegenwartssprache ihre Gründe in ganz bestimmten, lautgeschichtlich bestens zu erklärenden Ursachen haben.

Die historische Entwicklung der Sprachen ist aber für die Frage nach der Bedeutung der Familiennamen von elementarer Bedeutung. Im Verlauf der Geschichte einer Sprache verändert sie sich, unmerklich für jeden einzelnen Sprecher, aber doch unaufhaltsam. Die Unterschiede werden erst dann deutlich, wenn man die Sprache in Abständen von mehreren Jahrhunderten betrachtet. Erst dann wird sichtbar, dass die Wörter einer Sprache ein Leben besitzen: Sie entstehen, leben und sterben – nicht alle zugleich, manche eher, manche später, manche leben sehr lange. So lautet im Althochdeutschen das Wort für den „Mann" *goman*. Heute ist dieses Wort verschollen und vergessen, aber es lebt noch: an einer einzigen Stelle der deutschen Sprache, im Wort *Bräutigam*, zu zerlegen in *Bräuti-gam*, was demnach so viel bedeutet wie „der Brautmann, Mann der Braut". Im Althochdeutschen war das Wort *groß* noch selten, man verwendete *michel*. Heute ist es aus den deutschen Dialekten zum größten Teil verschwunden, aber in Ortsnamen wie *Michelstadt*, *Michelbach* lebt es weiter (diese bedeuten also „große Stadt", „großer Bach"), in niederdeutscher Form finden wir es in *Mecklenburg*, d. h. eigentlich „große Burg".

In Namen aber bleiben die ursprünglichen Bezeichnungen erhalten. In Namen sind nicht selten gestorbene, tote Wörter enthalten. Namen sind somit so etwas wie der „Friedhof der Wörter". Und daraus resultiert zum Teil ihre Unverständlichkeit, niemand vermag auf Anhieb zu sagen, was sich hinter *Beinvogel*, *Beilfuß*, *Bleifuß*, *Dingeldey*, *Froböse*, *Himmelheber*, *Hünermund*, *Jütersonke*, *Kannewischer* usw. verbirgt. Gelegentlich kann ein Name, vor allem ein undurchsichtiger oder anzüglicher, zu einem Problem werden. Das klingt bei einer Zuschrift durch, die mich aus Süddeutschland erreichte: „Ich habe noch keine Ahnenforschung betrieben, weiß aber aus Erzählungen des Großvaters, dass Träger meines Familiennamens seit Menschengedenken hier in unserer Umgebung ansässig sind. Der Friedhof mit den vielen Gräbern, die unseren Namen tragen, beweist es. Vielleicht könnte die nähere Kenntnis des Namens-Ursprungs mich mit der Last versöhnen, die ich mein ganzes Leben lang mit dem Namen hatte. Ich hatte und habe viel mit Menschen zu tun, auch telefonisch, und komme aus dem Buchstabieren gar nicht mehr heraus. Verehrter Herr Professor, schauen Sie doch bitte, bitte einmal in Ihre CD-Rom. Unkosten ersetze ich Ihnen gern ...".

Aus diesen Zeilen wird deutlich, dass Familienforschung und Genealogie ohne Betrachtung des Namens vielleicht doch unvollständig ist. Zudem lassen etwa so genannte Herkunftsnamen sehr exakte Rückschlüsse auf den Ursprung des Namens zu. Während man bei *Baier*, *Döring* (Thüringer),

Franke, Friese, Holländer, Preuß, Sachse, Schlesinger, Voigtländer, Westphal, Deutschmann nur auf Landstriche als Herkunftsgebiet schließen kann, lässt sich bei *Nürnberger, Bamberger, Mauersberger, Auerbach, Bielfeld, Erfurt, Fischbeck, Hartenstein, Oldenburg, Steinhagen, Wildenhain* punktgenau die Herkunft eines Namenträgers erschließen. Das gilt auch für Orte, die heute nicht mehr existieren. So lässt sich der Name *Rexrodt*, auch *Rexrot* und *Rexroth* geschrieben, über den es in der rührigen amerikanischen Familienforschung (Web-Seite „Rexroad Family History") heißt: „The Rexroth (Rexroad) family ... first appeared in documents from Eschwege, Germany in 1449, as Rexrodt or Recksrodt", auf eine Wüstung, d. h. einen heute nicht mehr bestehenden Ort bei Wanfried an der Werra zurückführen, der 1337 als *Reystrad*, 1490 als *Rexraide* bezeugt ist, zurückführen.

Aus diesen Bemerkungen wird deutlich, dass sich der Familienforscher – der jeder ist, der sich etwas näher mit der Geschichte seiner Familie und seiner Vorfahren beschäftigt – im Spannungsfeld zwischen Geschichte, Geographie und Sprachwissenschaft befindet. Vielleicht gerade deshalb ist die Genealogie eine Sparte, die besonderes Interesse an den damit zusammenhängenden Fragen weckt. Das hier vorliegende Buch bietet dazu gerade für die ersten Schritte, aber auch darüber hinausgehend, Grundlegendes und gibt Hinweise und Ratschläge, denen der interessierte Familienforscher unbedingt folgen sollte.

Aber es muss auch zur Vorsicht gemahnt werden, denn die anfänglichen zögernden Versuche können eine verhängnisvolle Konsequenz haben: Die Suche nach den Vorfahren und die damit zusammenhängenden überaus interessanten Erkenntnisse können zur Sucht werden. Allerdings ist es eine, die zu einer Erweiterung des menschlichen Horizontes beiträgt und die ohne Gefahr für Leib und Leben zu neuen Dimensionen des menschlichen Daseins führt. Dem Leser ist dafür Ausdauer, Glück und Erfolg zu wünschen.

Prof. Dr. Jürgen Udolph
ist Professor für Namenforschung an der Universität Leipzig.

Vorfreude

Der versehentliche Griff in eine Steckdose hätte kaum eine stärkere Wirkung auf mich haben können. Es war ein Schock, den ich nicht erwartet und mit dem ich nie gerechnet hatte.

Ich verirrte mich im Internet – oder genauer gesagt beim planlosen Surfen im World Wide Web – auf die Homepage von Ancestry.com (www.ancestry.com). Das ist einer der größten kommerziellen Ahnen- und Familienforschungsdienste der USA. Aus Spaß hatte ich in die Suchmaske meinen Familiennamen eingetippt: Ivo.
Im Familienstammbaum suchte ich weiter. Wenige Sekunden vergingen. Dann erschien eine neue Seite, Und die gab mir vorerst den Rest.

Berühmte Ahnen?

Doch es dauerte einige Zeit, bis ich so richtig realisiert hatte, was da auf dem Bildschirm stand:

> Ivo
> Vater: John I. „Lackland", geboren am 24. Dezember 1167 in Beaumont Castle, Oxfordshire, gestorben am 19. Oktober 1216.

Der Vater meines Ahnen ein englischer König aus dem Hause Plantagenet? Jener, der unter dem Druck der aufmüpfigen Barone 1215 nach seiner Niederlage und der Besetzung Londons die berühmte „Magna Carta" unterzeichnen musste? Andere Bilder tauchten aus dem Dunkel der Geschichte auf:

John's älterer Bruder Richard, dem man den Beinamen Löwenherz gegeben hatte, dann John's Erzfeind, der legendengestaltige Robin Hood mit all seinen Sherwood-erprobten Kumpanen, die Kämpfe zwischen Angelsachsen, Wikingern und Normannen, die Schlacht von Hastings, Wilhelm, der Eroberer ...

Meine Vorfahren sollten Normannen gewesen sein? Skandinavische, hörnerbehelmte Wikingerabkömmlinge, die um 900 in der Normandie sesshaft geworden waren?

Von Neugier gepackt

Ich hätte meinen Beruf als Journalist, der ich seit meiner Jugend gewesen war, grundlegend verfehlt, hätte mich an diesem Tag nicht die grenzenlose Neugier gepackt. Natürlich begann ich zu wühlen. Im Internet, der aktuellsten und umfangreichsten Bibliothek der Welt, in Lexika, in Geschichtsbüchern, einfach in allen Quellen, zu denen ich Zugang hatte. Ich suchte Hintergrund-Material, Informationen, die mir die Frage beantworten sollten: Lagen hier tatsächlich meine Wurzeln? Waren das die Ahnen, nach denen ich meine Hand ausstrecken wollte?

Vorher hatte ich mich kaum ernsthaft mit Ahnen- oder Familienforschung befasst. Ja, mir war noch in Erinnerung, dass mir mein Vater immer wieder erzählt hatte, seine Familie sei irgendwo aus dem hintersten Winkel Ungarns gekommen. Sein Vater und damit natürlich auch er selbst seien eigentlich bis zur Einbürgerung im Jahre 1921 ungarische Staatsbürger gewesen, weil die Familie damals im noch zu Ungarn gehörenden Burgenland gelebt hatte.

Meine Mutter hingegen hatte das Konglomerat mit dem ergänzenden Hinweis abgerundet, dass ihre Familie im Wesentlichen aus Böhmen komme.

Wie vertrug sich aber nun dieses unmittelbare Ahnenbild mit jenem, das mir an diesem für mich so denkwürdigen Tag neu-

este Forschung und Datenbanken am Bildschirm offenbarten? Gab es da tatsächlich einen Zusammenhang?
Wo war der Konnex zwischen jenem fleißigen Mann aus Ungarn, der sich in Wien eine kleine Wäscherei und ein Fuhrwerksunternehmen aufgebaut hatte? Wo der zu meiner Mutter, die ihren Vornamen Augustine so sehr hasste, dass sie ihn bei allen nur halbwegs inoffiziellen Unterschriften in das so Wienerische „Gusti“ mutieren ließ? Waren das Ahnen mit normannischen Wurzeln? Ahnen, noch dazu aus berühmten Adelsgeschlechtern?
Erste, berechtigte Zweifel schlichen sich ein.
Einen wichtigen Hinweis gab mir eine Abschrift aus dem Ahnenpass, den meine Mutter als Postbeamtin in der NS-Zeit hatte vorlegen müssen. Mühsam recherchierte sie damals bei Standesämtern und in Pfarrkanzleien die ersten Glieder der Familienkette. Sie, die nach einer kaufmännischen Lehre und späteren B-Matura am Postamt im niederösterreichischen Tulln gearbeitet hatte, ehe sie nach Wien zog und hier ihren späteren Mann, meinen Vater, kennen lernte.
Von Normannen war da keine Spur. Geschweige von irgendwelchen Adelsgeschlechtern. Im Gegenteil: Da gab es Schiffersleute, Landarbeiter, Dienstmägde und ähnliches mehr aus „niederem“ Volk.

Das gab für mich den Ausschlag

Die königlichen Vorfahren verschwanden ebenso rasch im sich lichtenden Nebel, der durch ein von der Phantasie und nicht der Realität geprägtes Denken entstanden war.
Ade, Heinrich I., König von England, ade auch Richard Löwenherz, her mit dem mir noch unvertrauten Schiffersmann aus dem ungarischen Komaron an der Donau.
Jetzt hatte ich auch den schwersten Fehler erkannt, den man bei der Ahnen- und Familienforschung machen kann: Das sprichwörtliche Pferd beim Schwanz aufzuzäumen und dann

auch noch gleich alles vorbehaltlos glauben, was man sich insgeheim wünscht: eine berühmte, intakte Familie, Ahnen, die anerkannt sind, die etwas geleistet haben, eben wertvolle Mitglieder der Gesellschaft, deren Namen man ohne weiteres mit ein, zwei oder gar mehr Sternchen verzieren könnte.
Ahnen- und Familienforschung muss man bei sich selbst und den nächsten Verwandten beginnen. Der Weg durch das schier undurchdringliche Dickicht der Geschichte muss immer aus der Gegenwart zurück durch die Zeit führen. Es ist schwierig, mühevoll, aber dafür auch äußerst spannend: eine Reise durch die verschiedenen Zeitalter, durch Religions- und Geistesströmungen und durch Kulturepochen, aber dafür mit vielen Stationen, an denen Ahnen stehen – Blutsverwandte also –, die nur noch auf die Hand warten, die sich ihnen entgegenstreckt.

Weltweit ein neues Hobby

Für unzählige Menschen in aller Welt ist dieses Suchen, dieses Forschen zu einem lebenserfüllenden, ja sogar manchmal lebensprägenden Hobby geworden. Es gewährt die befriedigenden Aspekte des geradezu kriminalistischen „Schlauerseins" ebenso wie jene Glücksgefühle beim Finden neuer Wege, neuer Quellen.
Freilich ist die Genealogie, wie die Ahnen- und Familienforschung international oft bezeichnet wird, kein Spiel wie etwa Halma, wo man von einer Station zur anderen springt, gleichsam von einem Ahnen zum anderen. Jeder einzelne Schritt verlangt nach genauester Planung, nach reiflicher Überlegung und vor allem nach ständiger Überprüfung. Ein einziger, zuerst unbedeutend erscheinender Fehler kann den Suchenden unter Umständen für viele Monate oder gar für Jahre in die Irre schicken. Fast immer kostet das nicht bloß Zeit, sondern meist auch beträchtlich viel Geld.
Weltweit ist die Suche nach Ahnen längst zu einem beachtli-

chen Geschäftszweig geworden. Vor allem seit es möglich ist, über das Internet riesige Datenbanken zu nützen, nach bestimmten Kriterien zu filtern und die Ergebnisse dann blitzschnell auszugeben, scheint – für den ersten Augenblick – alles kinderleicht. Da gibt man bloß den Namen ein – und schon lässt sich ausdrucken, wie es mit der gesuchten Verwandtschaft aussieht. Meint zumindest der laienhafte Anfänger. Dass die Wirklichkeit aber ganz anders und wesentlich nüchterner aussieht, lernt er meist erst kennen, wenn sich der vermeintliche Weg in die eigene Vergangenheit als kostspieliger Irrweg erwiesen hat.

Da ist es deshalb ratsamer, jenen erprobten Schematismen zu folgen, die sich bei der Genealogie schon in der Vergangenheit bewährt haben und das Neue – Computertechnik und Internet – bloß als hilfreiche, nützliche Ergänzung zu verwenden. Allein auf diese Technologien zu bauen, birgt von Beginn an den Keim des kläglichen Scheiterns in sich.

Starten Sie also die Suche nach Ihren Ahnen auf eine alterprobte und bewährte Methode. Springen Sie nicht blindlings in die Vergangenheit, sondern wählen Sie den sicheren Weg: Schritt für Schritt. Lernen Sie, mit der Geschichte im Allgemeinen und mit der Ihrer Familie im Besonderen sorgsam umzugehen. Nach und nach werden bemerkenswerte und dann und wann sogar unerwartete Erfolge Ihr schönster Lohn sein.

Der erste Schritt

Haben Sie Feuer gefangen? Sind Sie nun fasziniert, mit der Suche nach den eigenen Ahnen zu beginnen, mehr über sie und ihr Leben zu erfahren? Dann tun Sie es doch! Greifen Sie in die Vergangenheit, folgen Sie den Spuren, die Ihre Vorfahren im Boden der Geschichte hinterlassen haben, auch wenn alles mühsam, oft schwierig und unter Umständen sogar recht kostspielig ist. Jede Freude selbst über einen kleinen Erfolg wird Sie für alle Widerwärtigkeiten reichlich entschädigen.
Doch bei aller Euphorie: Vorsicht!

Achtung auf Ihre Brieftasche!

Im riesigen Meer, durch das Sie auf Ihrem Weg in die Vergangenheit schwimmen müssen, lauern ganze Rudel von gefräßigen Haien, die es auf Ihr Geld abgesehen haben.
Aber es müssen keineswegs nur die Betreiber kommerzieller Internetseiten sein, die hier seit Jahren verstärkt ihr Geschäft mit oft reichlich obskuren Datenbanken betreiben. Für die schmerzhaften Bisse genügen durchaus seriöse, oft sogar staatliche Archive oder selbst Pfarrkanzleien. Vor allem in den neuen Mitgliedstaaten der EU oder anderen Staaten des ehemaligen Ostblocks ist man geradezu gierig nach „harter“ Währung, nach dem Euro. Leider wird er auch in diesen Ländern häufig zum „Teuro“.
Da gibt es doch tatsächlich einen Pfarrer in Rumänien, der in einem kurzen Brief und rascher Antwort (Rückporto lag ja bei) „für die ersten Mühen“ einen Betrag von 100 Euro forderte, obwohl sonst bei einem derartigen Aufwand 25 bis 30 Euro

als Spesenersatz üblich sind. Doch das muss keineswegs immer so sein. Andere Menschen helfen gerne. So etwa antwortete ein Priester aus Slowenien – übrigens in makellosem Deutsch – geradezu mit überschwänglicher Liebenswürdigkeit: „Ich suche natürlich nach Ihren Unterlagen, aber es wird noch einige Tage dauern." Verlangt hat später der ehrwürdige Herr für seine umfangreiche Recherche keinen einzigen Cent.

Also, auf los geht's los!

Gleich zu Beginn müssen Sie eine für alle weiteren privaten Forschungen höchst wichtige Entscheidung treffen. Wollen Sie „nur" Ihren Namen möglichst weit zurückverfolgen, oder möchten Sie an einem eigenen Stammbaum basteln? Das Erstere ist wesentlich leichter, das zweite hingegen können Sie durchaus mit einer Sisyphus-Arbeit vergleichen, vor allem, wenn das zuvor noch so niedliche Bäumchen hemmungslos zu wachsen beginnt.

Beim bloßen Verfolgen des eigenen Namens interessieren Sie weder Geschwister noch Ehepartner, weder Cousins, Neffen noch Onkeln oder Tanten und schon gar nicht jene Verwandten, die in einer Familiengeschichte nur eine untergeordnete Rolle spielen, weil es sich hier gleichsam um einen „toten Ast" handelt.

Ein kleines Beispiel: Angenommen, Sie tragen den Namen Frühwirth. So werden Sie also immer nur nach „Frühwirth", nach den direkten männlichen Namensträgern suchen. Im Klartext: Es interessiert Sie im Grunde genommen nur der Vater, der Großvater, der Urgroßvater usw. Die dazugehörigen Frauen, die Geschwister liegen bereits auf der anderen Ebene. (Leider wirken sich die ca. 40% unehelichen Kinder um 1840 – ein Beispiel – auch in der Namensträgerlinie aus.)

Eines ist sicher: Eine solche Ahnenforschung ist höchst unzulänglich und sagt letztlich nicht sehr viel über die Familie aus,

aus der Sie stammen. Viel vom Zauber, von der Faszination geht hier verloren. Schließlich wollen Sie doch wissen, wie und wo die Verwandten gelebt haben, was sie arbeiteten, womit sie ihr Geld verdienten.
Das ist das eine Extrem: Durch die Geschichte zu gehen und sich dabei ganz bewusst ein suchendes Auge zuzuhalten. Das andere hingegen ist der große Stammbaum, der mit der bereits erwähnten zermürbenden und frustrierenden Suche ohne Ende verbunden ist.

Entscheiden Sie sich für den richtigen Weg

Wählen Sie daher den Weg der goldenen Mitte. Entscheiden Sie sich für eine Linie, also die Ihres Vaters *oder* Ihrer Mutter – wahrscheinlich ist es jene, die Sie mehr interessiert –, und verfolgen Sie dann immer nur jeweils Vater und Mutter mit den dazugehörigen Geschwistern. Lassen Sie aber deren Ehen, Kinder und andere Verwandte mehr zumindest vorerst links liegen.
Die Rechnung ist höchst einfach: Nur bei einer Linie (nehmen wir an, Sie wählen die väterliche) ergibt das in der ersten Generation zurück eine Person, nämlich Ihren Vater. In der zweiten Generation sind es zwei Personen (Ihr Großvater und Ihre Großmutter), in der dritten sind es bereits vier (zwei Urgroßväter und zwei Urgroßmütter) und schließlich in der vierten immerhin acht Personen (vier Ururgroßväter und vier Ururgroßmütter).
All diese Menschen können natürlich Geschwister gehabt haben, die wiederum ihrerseits Kinder bekamen, die heirateten und neue Linien in die Familie einbrachten. Jetzt können Sie erahnen, warum bei einer solchen Ahnenforschung von Knochenarbeit gesprochen wurde, die kaum zu bewältigen ist.

Alles festhalten, alles aufschreiben

Bleiben Sie also einmal beim Grundgerüst, bei der direkten Linie eines Elternteils. Alles Weitere können Sie später ergänzen. Das soll aber nicht heißen, dass Sie Informationen, die Sie zufällig erhalten, völlig ignorieren. Alles festhalten, alles aufschreiben ist bei der Ahnenforschung die ständige Devise. Eines gleich vorweg: Erwarten Sie sich nicht zu viel, je weiter Sie in die Vergangenheit gehen. Es wird immer schwieriger, zu Daten zu kommen, etwas über Ihre Vorfahren in Erfahrung zu bringen. Oft legen Ihnen die Wirren der Geschichte Steine in den Weg. Kriege, Verfolgungen und Vertreibungen, Naturkatastrophen und verheerende Brände haben Unterlagen vernichtet und lassen leider allzu oft die Spuren im Sand verlaufen.

Einmal stehen Sie vor einer Mauer

Wenn Sie also an eine solche Mauer stoßen, müssen Sie nach neuen Wegen suchen und sich etwa die Frage stellen: „Gibt es irgendwelche Kopien, Abschriften oder andere Hinweise, wie und wo ich weitermachen kann?“ Erst wenn hier der Erfolg ausbleibt, sollten Sie mit Ihrem „Zurück in die Geschichte“ vorerst aufhören. Suchen Sie dann nach weiteren Details von jenen Daten, die Sie bereits gefunden haben, „verbreitern“ Sie Ihre Familiengeschichte. Da kann noch immer viel Interessantes und Spannendes auftauchen.
„Da fand ich eine kleine Notiz in einem alten Feuerwehrbuch. Eigentlich hatte ich nicht gedacht, hier irgendetwas zu entdecken“, erzählte mir erst vor kurzem ein Bekannter. Lange Zeit hatte er vergeblich nach dem Sterbejahr einer Urahnin gesucht. Nirgendwo hatte er etwas gefunden. Die Kirchenbücher waren nicht aufzutreiben, Kopien gab es keine. Im alten Feuerwehrbuch jedoch war vermerkt, dass die Frau beim Brand der Ortsbäckerei ums Leben gekommen war. Und es gab dafür auch ein genaues Datum …

Viel Licht – viel Schatten

Und noch etwas darf Sie bei der Recherche Ihrer Familiengeschichte nicht abhalten, beeinträchtigen oder gar enttäuschen: Wundern Sie sich nicht, wenn Ihre Familie nicht völlig

„homogen“ ist. Da kann es durchaus einen Dienstboten neben einem Priester, einen Arzt neben einem Taglöhner, einen Lehrer neben einer Wäscherin geben. Sie können auf höchst gebildete und seriöse Menschen stoßen, auf sehr wohlhabende, ja vielleicht sogar reiche, aber ebenso auf sehr einfache, auf arme, ja sogar unter Umständen auf kriminelle.

Ein Genealoge, wie Ahnenforscher genannt werden, war erschüttert, als er erfahren musste, dass einer seiner Ahnen vor etwa 300 Jahren auf dem Schafott gelandet war.

Aber das ist Geschichte. Und – ganz abgesehen davon – könnte heute niemand rekonstruieren, ob die Verurteilung zu Recht oder zu Unrecht geschah.

Wie auch immer, Familien sind wie bunte Mosaike. Da finden sich leuchtend rote Steinchen neben unscheinbaren grauen. Und dieses Bild zieht sich durch alle Stammbäume dieser Welt, gleichgültig, ob sie berühmte Geschlechter darstellen oder ganz „normale“ Familien.

Zerlegen Sie Ihre Wohnung, Ihr Haus!

Das ist natürlich nicht wörtlich gemeint. Sie sollen nicht im wilden Forschungsdrang gar zu Säge oder Axt greifen. Nein, Sie müssen nur zu Beginn wirklich alles peinlich genau durchsuchen, was Ihnen irgendwelche Hinweise auf Ihre Ahnen geben könnte.

Wahrscheinlich ist es bloß der blanke Idealfall und häufig graue Theorie, dass Sie daheim eine wohl geordnete Mappe haben, mit all Ihren Dokumenten, jenen Ihrer Eltern, Ihrer Großeltern und vielleicht sogar noch einiges darüber hinaus, was im Laufe der Zeit zusammengekommen ist und andere Verwandte betrifft.
Die Praxis sieht fast immer ganz anders aus. Finden Sie tatsächlich sofort den Totenschein Ihrer Mutter oder die Geburtsurkunde Ihres Vaters? Auf Anhieb, also ohne dass Sie erst lange überlegen und suchen müssen?

Ohne Dokumente keine Chance

Im Allgemeinen hat man ja viele andere Dinge im Kopf, um die man sich kümmern muss. Sehr oft wird nach solchen Dokumenten erst dann gesucht, wenn man sie braucht. Für jede Ahnenforschung aber sind sie das A und O – ohne Dokumente für die Basisdaten geht es einfach nicht. Wenn Sie nur aus Ihrem Wissen heraus zu suchen beginnen – also ohne genaue Daten –, landen Sie über kurz oder lang im undurchdringlichen Niemandsland.
Sorgen Sie deshalb zuerst immer dafür, dass alle Basisdaten

ganz genau stimmen. Nur von sicheren, guten Daten ausgehend können Sie sich weitertasten.
Rufen Sie sich für die ganze Zeit Ihrer Nachforschungen stets ein Bild ins Gedächtnis: Stellen Sie sich vor, dass sie einen Stein auf den Wasserspiegel eine ruhigen Sees geworfen haben. Und stellen Sie sich weiter vor, wie sich die Wellen von der Eintauchstelle des Steins ringförmig ausbreiten. Das muss Ihre weitere Vorgangsweise sein. Der Stein sind die Grunddaten, von Ihnen, Ihren Eltern und vielleicht sogar Großeltern. Mit jedem weiteren Ring aber reisen Sie in der Zeit zurück.
Halten Sie sich dieses Beispiel immer vor Augen. Lassen Sie es zum Leitbild für Ihre Suche nach Ihren Wurzeln und Ihre Reise in die Vergangenheit Ihrer Familie werden.
Wenn Ihnen zu Beginn dieses Abschnitts geraten wurde, Ihre Wohnung oder gar Ihr Haus zu „zerlegen", dann ist das – wie schon gesagt – nur übertragen gemeint. Denn in der Praxis wird selbst die Suche nach den Grunddaten häufig zu einem langwierigen, frustrierenden Suchspiel.

„Wo sind die Papiere? Wo habe ich die Dokumente, die nicht so oft gebraucht werden, nur hingelegt? Sind sie überhaupt vorhanden? Oder liegen sie bei meinem Bruder?"

Nur mit System kommt der Erfolg

Solche und ähnliche Fragen werden Sie garantiert am Anfang jeder Suche plagen. Und für derartige Fragen gibt es nur eine einzige Lösung: Systematik. Besonders dann, wenn Sie nicht zu jenen Menschen gehören, denen peinliche Ordnung ein absolutes Bedürfnis ist. Wenn Sie zur anderen Gruppe zählen, wo doch einmal da oder dort etwas schnell hingelegt wird, müssen Sie Ihr Zuhause mit System durchforsten. Nur dann werden Sie auch Erfolg haben.
Ich weiß das aus eigener Erfahrung. Da durchstöberte ich einmal eine Lade und fand einen alten Kochkalender. „Mist!", dachte ich mir damals und wollte ihn schon achtlos beiseite

legen. Doch dann hielt mich eine innere Warnung zurück. Im Kalender gab es handschriftliche Notizen meiner Mutter. Als ich sie der Reihe nach durchsah, fand ich neben einem Rezept den Vermerk: „Mitbringsel zum Leichenschmaus von Fini.“
„Fini“ war jene Tante, nach deren Todesjahr ich schon lange verzweifelt gesucht, es aber nie gefunden hatte. Das Jahr des Kochkalenders aber gab mir wenigstens einen vagen Hinweis. Jetzt hatte meine weitere Suche größere Chancen auf Erfolg. Nebenbei: Er blieb nicht aus!
Auch Bücher – besonders ältere – können eine Fundstätte für irgendwelche Anhaltspunkte, Hinweise auf Daten oder Vermerke sein. Beachten Sie vor allem – wie es das oben erwähnte kleine Erlebnis zeigt – handschriftliche Notizen. Und wenn Sie Glück haben, finden Sie vielleicht in dem einem oder anderem Buch sogar einen Zettel, einen Brief, ein Glückwunschbillett oder eine Parte.

In Laden und Kästen versteckt sich viel Wertvolles

Durchsuchen Sie auch Möbel. Ja, Möbel, etwa Kästen mit Schubladen. Aber nicht nur die einzelnen Laden. Ziehen Sie sie heraus! Mitunter findet sich im Körper des Möbelstückes allerlei Interessantes, das im Verlauf der Zeit aus übervollen Laden in den Hinter- und somit Untergrund befördert worden war. Ich selbst merkte das, als ich einem Freund beim Übersiedeln half: Im Körper der Biedermeier-Kommode fanden sich – ohne dass wir danach gesucht hatten – eine Reihe von Schriftstücken, die ihm bei einer Ahnenforschung gut helfen hätten können.
Doch es gibt noch ganz andere Verstecke, deren Entdeckung Ihnen nur gelingen kann, wenn Bruder Zufall großem Glück die Hand schüttelt. Von einem derart überraschenden Ereignis berichtete mir meine Frau.
Als Mädchen hatte sie vor vielen Jahren an einem Familientreffen teilgenommen. Es fand in einem kleinen niederöster-

reichischen Ort statt. Dort erzählte eine Verwandte, eine junge Lehrerin, wie sie zu einem Großteil ihrer Familiendokumente gekommen war:
Sie versah ihren Dienst an einer Schule im Waldviertel, in der auch Jahrzehnte vorher ein naher Verwandter einen Posten als Schulleiter gehabt hatte.
„Eines Tages", so berichtete sie „wurden die Schulräume neu ausgemalt. Um sie dafür vorzubereiten, nahm ich alle Bilder ab, die in den Klassen hingen. Und ich reinigte sie bei dieser Gelegenheit auch. Dabei merkte ich, dass einige mit Füllmaterial ausgestopft waren. Ich entfernte den Karton auf der Rückseite der Bilder. Dann aber begannen meine Hände zu zittern. Zwischen meinen Fingern hielt ich Dokumente. Alte Dokumente. Dokumente meiner Familie. Aus irgendeinem Grund musste sie der Verwandte dort versteckt und später nicht mehr entnommen haben. Weshalb das alles so geschehen war, konnte nicht mehr geklärt werden. Der alte Schulleiter war bereits seit vielen Jahren tot ..."
Auf derartige „Wunder" brauchen Sie bei der Suche nach altem Material für Ihre Ahnenforschung natürlich nicht hoffen, aber es gibt ja viele andere, wesentlich einfachere Verstecke.

Langwierig, aber leider notwendig

So kann sich das eine oder andere Buch, hier eine Lade oder dort eine alte Schuhschachtel als wahre Fundgrube erweisen. Stöbern Sie aber nicht nur, sondern suchen Sie genau und gründlich. Nehmen Sie sich für diese sicherlich recht langwierige Arbeit genügend Zeit. Hetzen Sie nicht! Auch dann nicht, wenn gerade die Abendsendung im Fernsehen beginnt.
Wählen Sie außerdem immer einen günstigen Zeitpunkt. Beginnen Sie nicht, wenn Sie ohnedies abgespannt und müde sind. Sie könnten zu leicht das eine oder andere Wichtige übersehen. Zusätzlich soll Ihr neues Hobby Spaß machen und nicht zur lästigen Pflicht werden. Dennoch wird dann und

wann der Zeitpunkt kommen, wo Sie am liebsten alles aufgeben möchten. Tun Sie es nicht! Irgendwann einmal würden Sie es sicher bereuen.
Wenn Sie nach dem System einer pedantisch genauen, kontrollierten Suche vorgehen, steht Ihnen garantiert ungeheure Arbeit bevor. Und ich bin sicher, dass Sie manchmal die lästige Tätigkeit hinschmeißen und sich fragen werden: „Wozu habe ich das alles angefangen? Ist das die Sache wirklich wert?“ Schieben Sie derartige arbeitshemmende Gedanken sofort weg! Denken Sie dann lieber an die Freuden, die Ihnen ein späterer Erfolg bringt. Solche Vorfreuden machen viele lästige Mühen der ersten Tage, Wochen, ja vielleicht sogar Monate im Nu wett.

Frage: Was bringt es denn?

Sicherlich haben Sie sich schon nach den ersten Warnungen auf den wenigen Seiten, die Sie bis jetzt gelesen haben, insgeheim die Frage gestellt: „Was habe ich davon? Was bringt mir die Erforschung meiner Ahnen? Zahlt sich das aus? Was kann ich später mit den Ergebnissen machen?“
Wenn hinter diesen Gedanken ein pekuniärer Hintergrund liegt, dann geben ich Ihnen gleich zu Beginn den guten Rat: „Fangen Sie erst gar nicht an!“ Hoffen Sie nicht auf den Erbonkel aus Amerika, den Sie vielleicht „familienforschend“ ausgraben werden, um danach in dicken Briefstapeln seine ganze Verwandtschaft zu drangsalieren, damit auch Sie ein Häppchen aus dem Erbe erhalten.
Gewiss, das gibt es durchaus, und manche Rechtsanwaltskanzleien vor allem im Land der unbegrenzten Möglichkeiten haben sich sogar darauf spezialisiert, über das Internet nach solchen „Onkel-Suchern“ zu fischen. Gegen „Cash“ bieten sie Hilfe an. Auch da wird das WWW, das „World Wide Web“, allzu leicht zum teuren Netz, in dem sich manch unvorsichtiger Gimpel verfängt …

Die Wahrscheinlichkeit ist gleich null

Suchen Sie auch nicht nach prominenten Vorfahren, nach großen Politikern oder gar nach gekrönten oder zumindest geadelten Verwandten. Diese Prominenten betreiben schon seit vielen Generationen Familienforschung. Seit dem Mittelalter war das unter Umständen sehr wichtig für sie. Bestimmte Ämter, etwa hohe kirchliche, konnten damals nur jene antreten, die seit mindestens sechs Generationen „frei" oder „adelig" waren.

Und wer als Handwerksbursche durch die Lande zog, musste an manchen Orten unbedingt einen „Geburtsbrief" als Nachweis über seine ordentliche Abstammung vorweisen. Darauf legten die Zünfte meist großen Wert. Der „Geburtsbrief" war allerdings relativ leicht zu erhalten. Zwei Bekannte mussten sich nur entsprechend vor einem Gericht äußern.

Mit den Ahnen und der Abstammung hatten es unsere Vorfahren ja schon ziemlich lange. Denken Sie nur zurück an die Bibel, etwa an die Bücher Moses. Da werden, wenngleich nicht immer ganz einwandfrei, bis zu Jesus Christus ellenlange Ahnenreihen aufgelistet.

Ähnlich war es in anderen Kulturkreisen. Nahezu immer wurde die im Schleier ferner, längst vergangener Jahrhunderte verschwimmende Ahnenreihe auf einen göttlichen Urahn zurückgeführt. Ein mächtiger Stammbaum rechtfertigte den oft nicht ganz so berechtigten Machtanspruch. Uralter Ruhm konnte solch einen kleinen Makel rasch beseitigen …

Ahnenforschung hat Geschichte

Genealogie, Ahnenforschung, Familienkunde hatte es also immer in irgendeiner Form gegeben, nur änderten sich mit der Zeit die Motive. War es einst vor allem die Sicherung von Machtansprüchen, so ist heute vor allem die eigene Neugier an diese Stelle getreten, verbunden mit dem Wunsch, möglichst weit in der Zeit zurückzugelangen. Da macht es dann innerhalb der Kreise von Ahnenforschern schon einen gewaltigen Unterschied, ob es jemand nur bis zu den Urgroßeltern schafft, oder ob ein anderer ein paar Generationen weiter zu den eigenen Wurzeln vordringen konnte.

Unseliger Missbrauch

Eine unselige Unterbrechung hat die vernünftige Ahnenforschung erfahren, als in der Zeit des NS-Regimes möglichst viele Menschen urkundlich mit „Ahnenpass" oder zumindest „Familienbuch" ihre Zugehörigkeit zur „germanischen Rasse" nachweisen sollten. Da spielten Begriffe wie „Blutreinheit", „Rassenschande", „Volkstum", „Blutbekenntnis", „Sippenkunde" und vieles andere mehr eine verhängnisvolle Rolle.
Im Vordergrund stand nicht mehr – so wie im Altertum und selbst noch im Mittelalter – die Entwicklung der Familie aus einer Summe der in ihr gestaltend und tätig gewordenen Menschen, sondern allein die in den vorgegebenen Raster der so genannten Rassengesetze passenden Individuen. Ein „Zuchtprogramm", bei dem die Genealogie tatkräftig Schützenhilfe leisten sollte und es tatsächlich auch tat. Kein Wunder, dass es um deren Ruf nach dem Krieg vor allem in Europa äußerst schlecht stand.

Doch letztlich siegte die Neugier

Nach dem Zweiten Weltkrieg trat jedoch ein neues Motiv für die Ahnenforschung verstärkt in den Vordergrund: die Neugier. Woher komme ich? Wer waren meine Ahnen? Wie und wo haben sie gelebt? Diese Fragen und nicht mehr jene nach der Rasse standen an erster Stelle. Ausgehend von den USA und Großbritannien, aber auch von Frankreich, den Benelux-Staaten und Skandinavien schwappte die Welle der neuen Ahnenforschung auf Mitteleuropa über.
Es ist eine Welle, die von Tag zu Tag neue Interessenten gewinnt. Eine immer größer werdende Zahl von Menschen widmet sich diesem spannenden Hobby, das eigentlich viel mehr ist als bloß eine Freizeitbeschäftigung. In den USA sind das

über 100 Millionen Menschen. Nun hat auch Sie dieses Fieber erfasst. Freuen Sie sich darüber.

Zu Beginn ein gutes Grundgerüst

Tragen Sie jetzt alles, was Sie gefunden haben, in die einzelnen Personen- und Familienbögen ein. Natürlich können Sie für diese Arbeit auch ein Computer-Programm benützen (mehr darüber in einem der nächsten Abschnitte), dann gewinnen Sie rasch einen ersten Überblick. Sie sehen nun, was Ihnen noch fehlt und nach welchen weiteren Daten Sie in Bibliotheken, Archiven, Pfarrkanzleien usw. suchen müssen.
Doch an dieser Stelle gleich ein wichtiger Rat für Ihre weiteren Nachforschungen: Halten Sie sich nicht mit weniger Wichtigem auf. Suchen Sie nicht – nur um alles vollständig erfasst und erforscht zu haben – etwa nach dem Todesdatum eines Verwandten. Derartige Ergänzungen können Sie viel später vornehmen. Wichtig ist am Anfang, dass Sie ein gutes Grundgerüst besitzen.

Eine Reise in die Vergangenheit

Gelegentlich werden Sie bei all Ihren Forschungsaktivitäten eine Pause einschalten. Oft kann diese Ihnen eine äußerst wertvolle Hilfe sein. Denken Sie einfach einige Jahrzehnte zurück. Erinnern Sie sich ganz bewusst an eine Person aus Ihrem Verwandtenkreis. Setzen Sie sich entspannt und vor allem ungestört irgendwo hin. Tauchen Sie ein in die Vergangenheit, rufen Sie sich diesen Menschen ins Gedächtnis. Wenn Sie so an Ihr bisheriges Leben zurückdenken, werden Ihnen im Zusammenhang mit diesem Menschen im Nu viele Situationen einfallen, die – direkt oder indirekt – etwas mit Ihrem neuen Hobby zu tun haben.

Da erinnern Sie sich plötzlich an vieles, was längst im Vergessen der Zeit verschwunden war. Nun taucht es mit einem Mal wieder auf, festigt sich und findet mit neuen Erinnerungen eine willkommene, hilfreiche Ergänzung.

Mit Träumen die Vergangenheit wecken

Denn all diese Bilder aus vergangenen Tagen können Sie unter Umständen nach reiflicher und gründlicher Prüfung auch für die Forschung nach Ihren Ahnen verwenden. Sicher hätten Sie an das eine oder andere gar nicht gedacht, obwohl Sie es natürlich wussten. Wie Ihnen solche Erinnerungen helfen können, werden Sie gleich erfahren.
Manche dieser alten Geschichten und der Personen, die mit ihnen verbunden sind, werden Ihnen bloß einen neuen

Fingerzeig geben, andere wieder eine bis dahin bestehende Lücke schließen, die Sie mit dem neuen Wissen füllen können. Eines jedoch ist sicher: Es wird Ihnen eine Hilfe sein.
Vor kurzem machte ich selbst einmal eine solche Pause. Sie half mir in vielen Punkten weiter, an denen ich bei der eigenen Suche ins Stocken geraten war, und sie zeigte mir neue Wege für zusätzliche Untersuchungen.

Erinnerungen an einen Spaziergang

Damals dachte ich zunächst an meine Großmutter. Sie war eine klein gewachsene alte Frau mit schon ein wenig strähnig gewordenen grauen Haaren. Doch ihr markantestes Kennzeichen war ein großer, deutlich sichtbarer Buckel. War er die Folge eines Unfalls oder einer Krankheit? Bloß ein Haltungsschaden konnte es nicht sein. Aber ich weiß es auch heute noch nicht. Wir hatten niemals über dieses Gebrechen gesprochen – oder zumindest taucht in meiner Erinnerung kein derartiges Gespräch auf.
Sie war eine ungewöhnlich warmherzige Frau. Gutmütig hatte sie selbst in den letzten Kriegsjahren noch immer einige Pfennige übrig, wenn es den damals ein wenig rabaukigen Enkel, der ich zweifellos war, nach einer Süßigkeit gelüstete.
Wir waren in Hütteldorf an der Wien gewesen, die im Sommer – kaum fließend – nur einige Tümpel bildete, in denen sich Ellritzen und andere kleine Fische tummelten. Ein Badeparadies für einen kleinen Buben, der sich dort nach Herzenslust vergnügen konnte. Dann waren wir die Hüttelbergstraße in Richtung der Wiener Höhenstraße entlangspaziert. Sie hielt mich sichernd an der Hand.
„Da bin ich schon oft gegangen", erzählte sie mir und wies auf ein prächtiges, mir ein wenig fremdartig wirkendes Haus, das in einem verträumten, parkähnlichen Garten unweit des Gehsteiges stand. *„Das ist die Wagner-Villa"*, meinte sie. *„Da war ich vor vielen Jahren mit dem Alberto Lattuada. Ein ganz*

entfernter Verwandter, der war damals als kleiner Bub bei uns in Margareten. Jetzt macht er Filme …"
Ich schenkte ihren Worten damals kaum Beachtung. Dennoch: Der Name und die Erwähnung, dass dieser kleine Alberto nun Filme mache, blieben mir vage in Erinnerung. Für Filme begeisterte ich mich in diesen frühen Jahren sehr. Schließlich hatten wir in unserem Wohnhaus auch ein Kino, sogar eines, dessen Besitzer den Buben aus dem Haus großzügig gelegentlich gratis Eintritt gewährte.
Wenn ich heute an dieses Erlebnis zurückdenke, dann wird es für mich zu einem Hinweis, mich bei meiner eigenen Ahnenforschung auch einmal in Italien umzusehen. Vielleicht gibt es dort einen Kontakt zu einem filmenden Cousin zweiten oder dritten Grades. Möglich wäre es ja …

Erzählungen sind mehr als Geschichten aus der Vergangenheit

Anderes fiel mir in dieser Gedankenpause im Zusammenhang mit meiner Oma ein. Etwa, dass sie, die in Schwechat bei Wien 1879 zur Welt gekommen war, mehrmals erzählt hatte, der Vater sei Braumeister in der örtlichen Brauerei gewesen. Ein altes, schon stark vergilbtes Foto, das zu all dem passen könnte, hatte ich erst vor Jahren in einer Schachtel entdeckt. Ein Hinweis, wert ihm nachzugehen und dabei vielleicht ganz Neues zu entdecken.
Wenn ich so nachdenke, fällt mit ein, dass meine Großmutter sehr gut Zither spielte, und ich erinnere mich auch noch an den stolzen Hinweis meiner Mutter: „In ihrer Jugend hat Mama sogar Konzerte gegeben …" Während der Kriegsjahre stand so ein Instrument irgendwo in unserer Wohnung herum, nach Kriegsende war es dann verschwunden. Vielleicht ist es den damals so häufig praktizierten Weg eines Tauschgeschäftes gegangen und wurde schnöde im Zuge des „Hamsterns" gegen ein Kilo Erdäpfel eingetauscht. Wer weiß das schon, und wer weiß heute noch, in welcher Größenordnung sich

die Konzerte der Großmutter abgespielt hatten. Wieder Fragen und der Hinweis auf Unbekanntes, das noch zu klären war.

Im Umfeld der Großmutter gab es auch einen nahen Verwandten. Er kam aus St. Pölten und seine Frau hatte etwas mit den „Glanzstoff-Werken" zu tun. War es ein Bruder? An seinen Namen kann ich mich heute beim besten Willen nicht mehr erinnern, obwohl sich in den Gedanken immer wieder „Karl" aufdrängt. Er war schlank, fast hager und auf seiner Uniform trug er Edelweiß-Abzeichen. In den Gesprächen, ich war damals etwa fünf Jahre alt, hörte ich nur Worte wie „Narvik" oder „Gebirgsjäger". Nach Kriegende tauchte dieser „Onkel Karl" – oder wie immer er auch geheißen haben mag – in meinen Erinnerungen nicht mehr auf.

Mit Gewalt geht es nicht

Solche Gedanken kommen nicht, wenn Sie sie erzwingen wollen. Nein, Sie müssen vor sich hinträumen, in die Zeit eintauchen, mit der Person eins werden, an die Sie denken und die den Kontakt zur Vergangenheit herstellen soll. Nur dann werden Ihnen mit einem Mal Dinge einfallen, an die Sie schon lange nicht mehr gedacht haben. Und ein Ereignis wird das andere ergeben.

Im Laufe der eigenen Suche nach meinen Ahnen habe ich mit etlichen Menschen aus meiner Familie Kontakt aufgenommen. Und an vieles habe ich mich wieder erinnert: An zwei dickbusige Tanten etwa, die sich – ich war noch ein Kleinkind – bei einem Besuch mit ihren Köpfen so nahe über mich beugten, dass ich ihren Puder riechen konnte. Ein Geruch, den ich später, älter geworden, als „Scherk"-Puder kennen- und verabscheuen lernte. Auch erinnere ich mich noch an ein Treffen mit Verwandten – Onkel und Tanten –, das in deren Wohnung nahe einer Straßenbahn-Remise in der Wiener Brigittenau stattfand. Es waren Verwandte, die ich im Lauf meines weiteren Lebens aus den Augen verloren habe. Nur noch ein altes, brüchiges Bild erinnert mich an sie.

Bildhafte Brücken in die Vergangenheit

Ja, auch alte Fotos vermögen Erinnerungen wecken, die für Ihre Ahnenforschung wertvoll sein können. Von all diesen „Ankern in die Vergangenheit" ausgehend können Sie weiterforschen. Sie werden Ihnen eine wertvolle Hilfe sein, weil sich aus ihnen neue Fragen ergeben, denen Sie nachgehen können. Doch bevor Sie sich auf derartige gedankliche Ausflüge begeben, müssen Sie all das Material, das Sie in Ihrer Wohnung oder Ihrem Haus gefunden haben, peinlich genau ordnen, sichten und katalogisieren. Schon bei dieser Arbeit werden Ihnen neue Ideen kommen, weil Sie durch die Beschäftigung mit der Materie ständig Anregungen erhalten, ohne dabei in Gedanken nach etwas Konkretem zu suchen.

Indianermädchen am britischen Königshof

Bei allen Ihren „Zeitreisen" müssen Sie streng darauf achten, dass Sie nicht dem so genannten „Pocahonta-Effekt" unterliegen, der besonders unter amerikanischen und britischen Ahnenforschern weit verbreitet ist.
Was ist das? Nun, Pocahonta – die eigentlich Matowaka hieß – lebte gegen Ende des 16. Jahrhunderts als Indianerprinzessin in einer Ansiedelung am heutigen York-River in Virginia, einem der US-Gründerstaaten. Als 18-Jährige wurde sie von einem britischen Kapitän, der am York-River mit Weizen handelte, in Geiselhaft genommen. Der Brite wollte mit seiner Geisel eine britische Siedlung gegen die Angriffe anderer Indianer schützen.
Während ihres mehrjährigen unfreiwilligen Aufenthaltes verliebte sich die junge Indianerin in Sir John Rolfe, einen anderen Briten. Er war der erste Tabakpflanzer in Virginia. Die Indianerprinzessin wurde nach anglikanischem Ritus auf den Vornamen Rebecca getauft. Das Paar heiratete, als sie 20 war.

1616 reiste die Familie nach England. Dort wurde sie sogar mit allen Ehren am Hof empfangen. Doch das junge Glück währte nur kurz: Rebecca Rolfe – Pocahontas – starb noch im selben Jahr, bald nach der Geburt eines Sohnes, an Typhus und wurde fern der Heimat in englischer Erde in Gravesend zu Grabe getragen.

So weit ganz kurz gefasst die rührende Liebesgeschichte aus der Vergangenheit. Sie führte schließlich zum heutigen Pocahonta-Syndrom, weil es unzählige Amerikaner und Briten gibt, die alles unternehmen, um eine familiäre Bindung zu dieser berühmten Figur der US-Geschichte nachzuweisen.

Bleiben Sie am Boden der Realität

Ähnliches kann auch Ihnen zustoßen, wenn Sie auf „Zeitreise" gehen. Dann mag es wahrscheinlich nicht um eine Indianerprinzessin gehen, sondern vielleicht um irgendeinen prominenten Adeligen, Politiker, Schriftsteller oder Musiker. Solche Ausflüge ins ungewisse Niemandsland aber kosten viel Zeit und Geld. Deshalb möchte ich warnen: Verschwenden Sie nicht unnötig Energie, und verlassen Sie nicht den sicheren Boden jener Tatsachen, die sich durch Urkunden oder offizielle Eintragungen in Kirchen- oder Ortsbücher belegen lassen.

Eine Randnotiz bei Ihren genealogischen Forschungen sind derartige Hinweise aber immerhin wert. Ihnen können Sie sich ja zu späterer Zeit einmal widmen, wenn Sie die Hauptwege Ihrer Untersuchungen erfolgreich abgegangen sind.

Ich habe es ebenso gemacht: Dadurch ist der kleine „Alberto" zu einer Notiz im noch äußerst lückenhaften Lebenslauf meiner Großmutter geworden.

Ohne Ordnung geht es nicht!

Sie haben jetzt fleißig gesammelt und alles Material zusammengetragen, das Sie finden konnten. Dokumente sind es, vielleicht Briefe, Fotos und vieles andere mehr, was mit Ihren Ahnen zusammenhängt. Bis jetzt ruht es wahrscheinlich noch in einer Sammelkiste, ungeordnet und als buntes Gemisch an unaufgearbeiteten Erinnerungen. Ehe Sie sich nun an eigene Recherchen machen, müssen Sie alles ordnen, sonst wissen Sie nicht, wonach Sie als nächstes suchen sollen, und können Sie neu gefundene Informationen nicht mehr richtig zuordnen.

Ordnung schaffen Sie am besten – nomen est omen – mit Ordnern. Es ist nahe liegend, mit der eigenen Familie zu beginnen und damit mit Ihrer eigenen Person. Legen Sie als erstes ein so genanntes Personenblatt an. Zuerst für sich, dann je eines für alle anderen Familienmitglieder. (Wie ein solches Personenblatt aussieht, finden Sie im Anhang.)

Seien Sie sehr genau und ordentlich

Um die Daten besser und leserlicher eintragen zu können, sollten Sie dieses Formular vergrößern und gleich in entsprechender Anzahl kopieren. Bewahren Sie diese Kopien gut auf. Dann haben Sie sie gleich zur Hand, wenn eine weitere Person aufgenommen wird. (Apropos leserlich: Schreiben Sie bitte SEHR deutlich, am besten in Blockbuchstaben. Nichts ist schlimmer, als wenn Daten unleserlich oder fehlerhaft sind. So etwas kann ganz schwer in die Irre führen, vor allem dann, wenn vielleicht Originalnotizen – was Sie eigentlich niemals tun sollten – vernichtet wurden. Achten Sie besonders im fremdsprachlichen Bereich auf die Schreibung! Jeder einzelne Buchstabe kann da schwer ins Gewicht fallen!)

Gleiches gilt für Dokumente oder Fotos. Dazu verwenden Sie am besten gelochte Aktenhüllen. Hängen Sie diese hinter dem entsprechenden Personenblatt ein. Notizen, Vermerke und Gedanken sollten Sie auf getrennte Blätter schreiben. So vermeiden Sie von vornherein ein Durcheinander. Ein kleiner Tipp: Farbiges Papier hilft beim Ordnen. Dabei aber Vorsicht: Beschränken Sie sich auf wenige Farben! Ein „Zuviel an Ordnung" kann leicht wieder zu Verwirrung führen. (Legen Sie eventuell eine „Farblegende" an!)

Lücken erkennen Sie im Rohgerüst

Wenn Sie nun alle Daten, die Sie gesammelt haben, in die einzelnen Personenblätter eintragen und diese ordnen, entsteht nach und nach das Rohgerüst für Ihre eigene Familienforschung. Zum Schluss werden das ein, zwei, drei oder gar noch mehr Ordner sein. Jede einzelne Person hat dann eine Reihe von gesicherten und überprüften Daten. Von ihnen ausgehend können Sie im Verlauf Ihrer Recherchen neue Fragen stellen und weitere Ziele setzen.

Etwa: Mit wem war Onkel Max verheiratet? Hatte er Kinder? Wie hießen sie, und wann wurden sie geboren? Wo? Wie hieß seine Frau? Wie lautete ihr Mädchenname?

So ergibt sich im Lauf der Zeit ein immer dichter werdendes Netz aus abgesicherten Daten. Natürlich müssen Sie für jede neue Linie, die Sie beginnen, einen neuen Ordner anlegen. Wer das nicht macht, hat bald ein prächtiges Durcheinander beisammen, in dem er sich kaum noch zurechtfindet. Nach und nach wird die Zahl der von Ihnen angelegten Aktenordner also stetig anwachsen.

Es gibt Ahnenforscher, die sich nicht für die Aktenordner-Methode, sondern für Karteien entscheiden. Bei solchen wird allerdings die Unterbringung gefundener Fotos oder Dokumente schwieriger.

Am bequemsten geht es mit einem Computer

Weitaus am einfachsten und auch bequemsten haben es all jene, denen für ihr Hobby ein Computer zur Verfügung steht (unabhängig davon, ob sie dann mit dem Internet verbunden sind oder nicht. Obwohl Sie über den Unterschied gleich noch viel mehr erfahren werden. Das sind dann nämlich nicht nur Welten, nein, es sind ganze Galaxien, allerdings auch solche mit vielen „schwarzen Löchern"!).
Wenn Ihnen also ein Computer zur Verfügung steht, sollten Sie zunächst in einer der zur Verfügung stehenden Partitionen (also Abschnitte, Teile) der Festplatte einen Ordner anlegen. Etwa „Ahnen" oder „Meine Familie". Der entspricht dann jenem Regal, in dem Sie sonst all Ihre Ahnenforschungs-Ordner unterbringen. Von hier aus lassen sich die verschiedenen Unterordner einrichten, etwa Programm, Fotos, Dokumente, Notizen. Zur althergebrachten Methode gibt es also kaum einen Unterschied, außer, dass Sie die Daten elektronisch gespeichert haben. Der Zugriff ist natürlich wesentlich leichter und schneller. Gut ist es, wenn Ihnen neben einem kleinen Drucker auch ein Scanner zur Verfügung steht. Der braucht gar nicht sehr teuer zu sein. Mit ihm können Sie alle Dokumente und Fotos scannen (also gleichsam elektronisch kopieren und einlesen) und als Bilder in den passenden Unterordnern ständig blitzschnell zur Verfügung haben. Sie brauchen dann nicht mehr mühsam in Ordnern oder Karteikästen wühlen, wenn Sie nach etwas suchen.

Arbeiten Sie immer mit „Netz"

Doch Vorsicht. Auch Computer haben ihre Tücken. Ein technischer Defekt kann ganz rasch zu einem völligen Datenver-

lust führen. Und dann sind Ihre wertvollen Unterlagen für immer verloren, wenn Sie nicht entsprechende Vorsichtsmaßnahmen treffen. Selbst wenn Sie Ihre handschriftlichen Aufzeichnungen aufbewahren (was in jedem Fall ratsam ist), haben Sie dennoch viel Zeit und Mühe vergebens investiert.
Daten können nur in den seltensten Fällen wieder hergestellt werden. Außerdem ist der Kostenaufwand in einem solchen Fall empfindlich hoch und rentiert sich für eine Privatperson kaum. Deshalb mein guter Rat: Sichern Sie ihre Daten wirklich konsequent. Nach jeder Arbeit. Nur dann können Sie im Extremfall auf eine Sicherungskopie – etwa auf Diskette oder auf CD – zurückgreifen. Ärger ist sonst im wahrsten Sinn des Wortes vorprogrammiert.

Also noch einmal: Sichern, sichern, sichern!

Außerdem sollten Sie das schriftliche, in Ihren Ordnern oder Karteien aufbewahrte Material immer möglichst aktualisieren. (Das gilt natürlich ebenso für Ihre Datensammlung auf einem PC). Das kann Sie vor herben Enttäuschungen bewahren und Ihnen außerdem viel unnötige Arbeitszeit ersparen. Und viel Geld!
Apropos Geld: Ich habe eingangs von einem Unterordner, einem Subdirectory, gesprochen, in dem Sie Ihr Programm ablegen sollten.

Was ist für mich am besten?

Aber welches Programm ist vernünftig, leicht zu handhaben, benutzerfreundlich und dazu noch preisgünstig oder gar gratis?
Wenn Sie mit dem Computer und der Ahnenforschungs-Literatur schon ein wenig vertraut sind, werden Sie vielleicht schon wissen, dass es in Deutsch und Englisch Hunderte Spezialprogramme gibt und Jahr für Jahr Updates (also aktuelle, verbesserte Versionen der alten) und ungezählte neue hinzukommen.

Gerade als Anfänger in der Ahnenforschung macht es wenig Sinn, wenn Sie in diesem Bereich zuviel investieren. Es gibt auch Gutes völlig gratis. (Tipps und einiges über meine eigenen Erfahrungen erhalten Sie im Kapitel „Erste Hilfe")
Gleich zu Beginn wird sich eine höchst berechtigte Frage aufdrängen: Wie reihe ich meine Verwandten und was mache ich innerhalb eines solchen Systems mit den Kindern eines Verwandten?

Verwandte mit Nummern

Da sich alle Ahnenforscher mit diesem Problem herumschlagen mussten, hat einer von ihnen vor mehr als 100 Jahren ein System gefunden. Seit damals werden die Verwandten am besten nach den so genannten Kekulé-Nummern gereiht.
Nein, ich rede jetzt nicht etwa Finnisch, obwohl das Wort „Kekulé", vielleicht danach klingt. Nein, dieser „Altmeister der genealogischen Wissenschaft", als der er in der Fachliteratur häufig bezeichnet wird, war Deutscher, wenngleich in Belgien geboren. Er war Sohn eines berühmten Chemikers in Bonn, lebte von 1863 bis 1933 und veröffentlichte – nachdem er sich intensiv mit der Genealogie befasst hatte – 1889 auf der Grundlage der Arbeiten des Spaniers Hieronymus de Sosa (von 1676) ein verbessertes Ahnen-Nummerierungssystem, das dann nach ihm benannt wurde und noch heute in Gebrauch ist. Später erhielt er für seine umfangreichen Forschungstätigkeiten sogar den Adelstitel „von Stradonitz".
Es gibt noch eine Reihe anderer Ordnungssysteme, doch seines hat sich weltweit durchgesetzt. Wie funktioniert es? Probieren wir es doch gleich einmal bei Ihnen aus!
Sie, als Ausgangsperson einer Forschungsreihe in die Vergangenheit, erhalten in diesem System die Nummer 1.
Ihr Vater erhält die Nummer 2, Ihre Mutter die Nummer 3.
Dabei gilt: Auf Männer entfallen grundsätzlich gerade Zahlen, auf Frauen ungerade. Und: Der Vater einer Person erhält eine

Nummer, die doppelt so hoch ist, wie die seines Kindes, die Mutter hingegen eine Nummer, bei der zur Verdopplung noch der Wert Eins hinzukommt.
Das bedeutet:
Der Großvater väterlicherseits hat die Nummer 4,
die Großmutter väterlicherseits hingegen die Nummer 5.
der Großvater mütterlicherseits trägt die Nummer 6,
die Großmutter mütterlicherseits die Kekulé-Nummer 7
der Urgroßvater väterlicherseits folgt mit der Nummer 8,
usw.
Dieses System hilft, sich im Reich der Ahnen relativ rasch zurechtzufinden. Das erkannte man im nationalsozialistischen Deutschland, und auch der berüchtigte Ahnenpass beruhte auf diesem System.
Kekulés System ging aber noch über direkte Abfolgen weiter. Da erhielten etwa männliche Kinder zur Nummer noch Großbuchstaben, weibliche hingegen Kleinbuchstaben. Doch damit will ich Sie gar nicht weiter belasten, denn auch die meisten Computerprogramme arbeiten nicht danach. Sie zwingen Sie nur in der Praxis zur Anlage neuer Familienlinien.
Die Arbeitspraxis wird Sie am besten lehren, wie Sie Ordnung halten müssen. Notieren Sie sich sofort, wenn Sie einmal länger – und vielleicht unnötig – suchen müssen. Klären Sie dann, wo der Fehler steckt. Im Zuge Ihrer Forschungen wird sich schon bald zeigen, dass es sich sehr wohl gelohnt hat, auch dafür Zeit zu investieren.

Nicht nur Schall und Rauch

Namen – Sie haben es sicher schon erraten. Haben Sie sich in der Vergangenheit nicht schon oft gefragt, woher Ihr Familienname kommt? Oder auch nur Ihr Vorname? Sicher ist der Name – der Vorname ebenso wie der Familienname – kein absoluter Hinweis, woher Sie kommen und wo Sie Ihre Ahnen suchen müssen und dann auch finden können, aber er ist ein Fingerzeig. Namen sagen, „aus welchem Stall" jemand kommt.

Da weist oft schon der adelig klingende Name darauf hin, dass es nicht schlecht wäre, sich bei der Ahnenforschung in den entsprechenden Datenbanken umzusehen, während ein Name, der auf einen bestimmten Beruf hindeutet, bereits von vornherein signalisiert, dass man bei der Suche Innungslisten und anderes Einschlägige nicht einfach unbeachtet lassen sollte.

Namen lüften manches Geheimnis

Die Onomastik – wie diese Namensforschung heißt, wenn sie sich mit der Bedeutung, Herkunft und Verbreitung von Namen befasst – oder die Toponomastik, wenn es um Ortsnamen geht – ist eine ziemlich junge Wissenschaft. In Deutschland etwa gibt es nur einen Experten mit Lehrstuhl: Universitätsprofessor Dr. Jürgen Udolph.

Der heute mehr als 60-Jährige ist gleichzeitig ein Medienstar. Seit fünf Jahren leitet er jeden Werktag um die Mittagszeit die Sendung „Numen – Nomen – Namen". Dann laufen im Studio von „Radio Eins" in Potsdam-Babelsberg, also im Groß-

raum Berlin, die Telefone heiß. Hunderte Menschen aus dem Sendegebiet wollen wissen, woher ein ganz bestimmter Name – meist der eigene – herkommt.
Früher saß der geniale Namensforscher noch regelmäßig im Studio und hatte dann für die Lösung des Problems nur ein bis zwei Minuten Zeit. Jetzt hingegen erwartet er die Höreranrufe in seinem Büro in der Universität Leipzig. Da bleiben ihm zehn Minuten für die Antwort.

Wissen, noch mehr Wissen und ein „Hexenbesen"

Abgesehen von seinen sprachlichen Fähigkeiten, seiner geradezu unvergleichlichen Kombinatorik und einem umfassenden Maß an Fachwissen verfügt der Professor Udolph über eine Art „Hexenbesen", der ihm den Staub von mitunter allzu antiquiert klingenden Namen kehrt. Mit ihm stellt er zunächst fest, wie oft es den Namen gibt.
Sein „Hexenbesen" ist eine speziell bearbeitete Telekom-CD mit den deutschen Telefonteilnehmern. Sie stellt auf einer Karte am Bildschirm mit kleinen blauen Kreuzen dar, wo die meisten Namen zu finden sind. Steht das Gebiet einmal fest, sucht der Wissenschaftler in den Ortsnamenbüchern dieses Gebietes nach dem Namen. Das ist dann nahezu immer ein Treffer.
Doch ganz so einfach hat es der Experte nicht. Bei ihm gesellt sich zur Routine noch außerordentliches sprachkundliches Fachwissen. Weitere Datenbanken – viele davon aus dem Internet – helfen ihm bei seiner Suche. Und schließlich entdeckt er die Lösung des Problems. „Die Leute laufen ein ganzes Leben mit einem Namen herum, der ihnen ein völliges Rätsel ist. Plötzlich ist da jemand, der kann das lösen. Das fasziniert die Menschen."
Professor Udolph kann von seinem Forschungsabenteuer am Rande der Genealogie ungeheuer viel und lange erzählen, tausende Geschichten und Histörchen. Etwa jene von einem Berliner Hörer, der seinen Namen Piffrement immer franzö-

sisch aussprach, weil er glaubte, seine Ahnen seien als Hugenotten nach Berlin gekommen. Doch die CD des Wissenschafters klärte, dass das nicht stimmen konnte. In diesem Gebiet gab es nie Hugenotten. Der Fachmann fand vielmehr heraus, dass der Name richtigerweise vom niederländischen „Peppermint", also „Pfefferminze" herstammt.
Was spielt da nicht alles eine Rolle, nicht nur die Etymologie allein, ebenso die verschiedenen Sprachen, die vielfältigsten Dialekte, Brauchtums- oder Berufsbezeichnungen und zahlreiches andere mehr. Erst dann ergibt sich endlich ein richtiges Bild.

Natürlich kommt es auf die Schreibung an

Die meisten Rätsel konnte der rührige Namensforscher bisher erfolgreich lösen. Nur wenn dem Namen eine fehlerhafte Schreibung zugrunde lag, gab es „Bauchlandungen". Etwa bei einem polnischen Namen. „Im Polnischen gib es ein hart gesprochenes l, durch das ein Strich geht. Ein deutscher Standesbeamter aber meinte, das l sei durchgestrichen und schrieb deshalb den Namen ohne l nieder."
Mittlerweile musste der so oft geforderte Onomastiker den Druck seiner Universität durch die Schaffung einer eigenen Namensberatungsstelle mit einer kostenpflichtigen Nummer ein wenig abschwächen (aus Österreich, der Schweiz und dem übrigen Ausland lautet sie: +49/190/88 77 35, innerhalb Deutschlands fällt die Landesvorwahl +49 weg, dafür kommt noch eine Null für die Vorwahl). Die Beratungsstelle kümmert sich dann um die fachkundige Erklärung von Vor- und Familiennamen. Ein Gutachten zu einem Vornamen kostet Euro 40,–, zu einem Familiennamen Euro 50,–. Wenn etwas zu schwierig wird, begibt sich der Herr Professor selbst auf die Suche …

Ballungszentren können Aufschluss geben

Die beispiellose Brillanz des Experten werden Sie ganz sicher nicht erreichen, doch seine grundsätzlichen Wege können auch Sie bei Ihrer Ahnenforschung beschreiten. Etwa wenn

Sie fleißig Telefonbücher durchsehen, oder sich an einem Computer von einer der vielen Telefon-CDs helfen lassen. Sie können so ermitteln, wo es Ballungsräume für Ihren Namen gibt.

Wie das alles noch wesentlich einfacher mit dem Internet geht, und wie viel an wertvollem Nebenwissen dann noch anfällt, werde ich Ihnen in einem späteren Abschnitt erklären. Doch zunächst zum Namen an sich.

Eine langsame, aber zwingend nötige Entwicklung

Wenn in alten Zeiten ergänzende Bezeichnungen – wie etwa Johannes der Täufer oder Plinius der Ältere – in jenen Kreisen, die es betraf, zur Kennzeichnung und Trennung von anderen Personen genügten, wurde das schon im frühen Mittelalter im Zuge der sich erweiternden kommunikativen Bedürfnisse anders. Wenngleich vorerst die meisten Menschen nur einen Namen trugen, setzte sich dennoch langsam der Brauch durch, einen weiteren Namen zu einer besseren Unterscheidung hinzuzufügen.

Natürlich gab es Schichten, für die ein Karl der Große, ein Pippin der Kleine, oder etwa ein Richard Löwenherz ein absoluter, unverwechselbarer Begriff waren.

Für die große breite Masse der Menschen genügte das jedoch nicht mehr. Es wurden verschiedene Begriffe verwendet, die bestimmte Merkmale bezeichneten. So etwa der Geburtsort (Franz von Assisi), eine Eigenschaft (Hans Klein) oder aber der Beruf (Jakob Müller). Es hätte auch Schmied sein können oder Eisenhauer. So etwa hieß die Familie, die 1741 aus dem Odenwald (bei Heidelberg) nach Amerika auswanderte. Aus ihr ging der spätere US-Präsident Dwight D. Eisenhower hervor. Sein Name war natürlich schon längst anglisiert.

Ebenso beliebt und sehr gebräuchlich waren Namen wie Meier (vom lateinischen „major“) und Huber. Letztere waren Amtsträger mittelalterlicher Lehensverbände. Wer einen solchen Lehnshof (Hufe oder Hube genannt) bewirtschaftete, wurde Huber genannt. Ein solcher etwa hieß Andreas Huber und wanderte im 18. Jahrhundert von Deutschland nach Amerika aus. Ein Nachfahre: der amerikanische Präsident Herbert Hoover.

Diese Namensentwicklung begann vorerst in den Städten, der ländliche Raum folgte schleppend nach.

Bereits im 12. Jahrhundert war es nahezu selbstverständlich, einen zweiten Namen zu tragen, wenngleich er damals noch wenig Ähnlichkeit mit unserem heutigen – vererbten – Familiennamen besaß. Ob sich diese zweiten Namen zu den vererbten entwickelt haben, ist noch immer umstritten und Objekt vieler Forschungen.

Die heutige Praxis des vererbten Familiennamens entwickelte sich ursprünglich im Venedig des 10. und 11. Jahrhunderts. Kreuzfahrer, die aus dem Heiligen Land zurückkehrten, nahmen den Brauch auf und verbreiteten ihn in ganz Europa.

Erste schriftliche Erwähnung

Im Jahr 1370 wurde erstmals der Begriff „Nachname" in einem Dokument schriftlich erwähnt und bekam so seine gravierende Bedeutung und Wertigkeit. Wenngleich er zu Beginn eher eine Prestigefrage war, so wurde er bald für die Obrigkeit zu einem ganz essentiellen Bestandteil in der Verwaltung. Steuer und Wehrpflicht machten es notwendig, die Identität der einzelnen Bürger genau und unverwechselbar festzuhalten. Immer mehr Regierungen nahmen immer mehr Daten zu den Akten.

Ein Glück für heutige Ahnenforscher. Denn seitdem gibt es Archive, in denen sie gezielt suchen – und glücklicherweise auch einiges finden können.

Eine wichtige Rolle spielte bei der Namensentstehung die Sprache. So entstanden etwa zur Zeit des Humanismus, als Latein die Sprache der Gebildeten war, die zweiten Fälle lateinischer Rufnamen als Familiennamen, etwa Jakobi oder Nicolai. Doch ebenso häufig sind Namen anzutreffen, die eine bestimmte Herkunft oder einen – gerade im ländlichen Bereich weit verbreitet – Ortsnamen zum Anlass nahmen, der mit der Nachsilbe -er gebildet wurde. Da wurde etwa jemand, der aus Eger kam, zum Egerer, einer aus Brünn zum Brünner (und vielleicht später von einem weniger sprach- und schreiberfahrenen Matrikenführer oder Schreiber verballhornt sogar zum Bronner oder Brunner) und eine Person aus Horn könnte durchaus den Namen Horner tragen.

Viele Quellen für die Namen

Doch nicht immer ist das mit den Familiennamen so einfach, denn es gibt viele andere Quellen, aus denen er sich gebildet haben könnte. Etwa:

- Namen, die vom Wohnsitz des ersten Trägers abgeleitet wurden. Das war in erster Linie in Adelskreisen üblich. Beispiele dafür sind etwa die Namenszusätze „de“, „de la“, „del“ oder „von“.
- Namen, die vom Namen des Vaters abgeleitet wurde. Die einfachste Form war dabei das Ihnen sicherlich aus skandinavischen oder englischen Namen her bekannte Anhängsel „-son“, häufig abgeschwächt auch nur „-s“. Also: William, Williamson, Williams. Ähnliches findet sich in anderen Ländern. In slawischen erfüllten die Zusätze „-ski“ und „-vic“ die gleiche Funktion. Die Namensendung „-ian“ hingegen deutet nach Ansicht vieler Forscher auf einen armenischen Urspruch hin.
- Weitere häufig genutzte Namensquellen waren – wie bereits erwähnt – der Beruf des ersten Namensträgers, körperliche oder persönliche Eigenschaften. Da konnte es den „Hinkenden“ ebenso geben wie einen „Kahlen“, einen „Lustigen“ oder eben einen „Kleinen“ oder „Großen“. Selbst Bezeichnungen, die ursprünglich nur Kosenamen bildeten, mussten dafür herhalten.

- Eine ganz wichtige Rolle gerade im ländlichen Bereich, in dem sich mit der Zeit sehr viele Nachforschungen verlieren, bilden die einzelnen, höchst individuellen und auch regional völlig unterschiedlich beeinflussten Haus- und Hofnamen. Da mochte jemand im Sprachgebrauch durchaus „Pirksteiner" heißen, selbst wenn sein richtiger Name völlig anders lautete. In modernen, aber auch in vielen älteren Notariatsakten findet sich dann eine Verbindung. Der Besitzer mit seinem richtigen Namen wird – neben dem so genannten „Vulgo"-Namen – beim erwähnten Beispiel Pirksteiner – angeführt.

Ein höchst umfangreiches und kompliziertes Thema

Obwohl ich die Entstehung der Familiennamen hier nur ganz am Rande gestreift habe und längst nicht auf die regionalen Feinheiten eingegangen bin, haben Sie bestimmt schon gemerkt, welch ein kompliziertes, ja geradezu verworrenes Gebiet sich hier auftut. Ich habe es – im Hinblick auf die Ahnenforschung – nur deshalb erwähnt, weil Sie unter Umständen im Zuge Ihrer Arbeit auf unterschiedliche Schreibweisen stoßen könnten. Dann sollen Sie auch verstehen können, wie es dazu gekommen ist.

Aber wollen Sie über die Herkunft und die Bedeutung Ihres Namens wirklich so genau Bescheid wissen? Wollen Sie bei Ihrer Ahnenforschung feststellen, wie Ihr Familienname überhaupt entstanden ist? Oder wollen Sie sich nicht eher in der langen Kette Ihrer Vorfahren möglichst weit in der Zeit zurückbewegen?

Ist Ersteres der Fall, dann gibt es für Sie eine ganze Reihe von Büchern, die sich mit den Namen an sich befassen. An erster Stelle steht hier der so genannte „Namens-Duden" oder genauer: Duden-Familiennamen, ein 912 Seiten starkes Buch, in dem Rosa und Volker Kohlheim Herkunft und Bedeutung von mehr als 20.000 Familiennamen behandeln.

Das sollte Ihnen für einen Einstieg in das schwierige Gebiet der Onomastik genügen, vor allem dann, wenn Sie diese im Sinne einer gezielten Ahnenforschung auch richtig werten: als Hinweis, als Fingerzeig, wo Sie suchen könnten. Wenn Sie ein wenig Glück haben, kann Ihnen die Onomastik verraten, welche Archive Sie zuerst aufsuchen müssen, in welchen Gebieten Ihre größten Chancen liegen. Aber wissen Sie das nicht aus Ihrer Dokumentensammlung ohnedies? Wollen Sie durch das verwirrende Labyrinth laufen, ohne den berühmten Faden am Eingang sicher anzubinden?

Die Onomastik ist ein Wegweiser, ein Erklärer, ein Deuter im labyrinthischen Dschungel der Ahnenforschung, aber sie ist keine Datenbank, aus der Sie klar und quellenmäßig belegt erfahren können, wie etwa der männliche Vorfahre vor sieben Generationen geheißen hat.

Folgen Sie deshalb gelegentlich der Kompassnadel, und gehen Sie bisweilen den Weg, den sie weist, aber investieren Sie – vor allem zu Beginn Ihrer Forschungen – nicht zu viel Zeit, Arbeit und Geld in etwas, was Ihnen keine konkreten Ergebnisse bringen kann.

Die erste Hilfe kostet nichts!

Sie haben vorerst einmal alle Daten, die Sie aufgrund alter Dokumente und anderer privater Quellen sammeln konnten, peinlich genau geordnet. Es gibt bereits Personenblätter (wenn auch an Zahl und Inhalt recht dürftig und mager), es gibt Fotos. Aber nun stehen Sie an. Aus „eigener Kraft“ kommen Sie nicht weiter. Sie benötigen Hilfe. Und Sie suchen nach einer, die möglichst wenig kostet. Am besten gar nichts!

Auch in der Ahnenforschung werden unnötig investierte Euros rasch zu einem toten Kapital und reißen nicht selten erhebliche Löcher in die Geldtasche. Doch es gibt eine Möglichkeit, äußerst billig auszusteigen.
Vor allem Computerprogramme – sofern Sie einen PC zur Verfügung haben und mit dieser Technologie arbeiten können und wollen – sind im Preis-Leistungs-Verhältnis häufig überzahlt. Hier gleich zu Beginn viel auszugeben, ist nicht sinnvoll und völlig unnötig.

Hilfe gratis!

Denn schließlich gibt es PAF, das Ahnenforschungsprogramm, das die Gläubigen der „Kirche der Heiligen der letzten Tage“, auch als Mormonen bekannt, entwickelt haben. Sie verschenken ohne Hintergedanken und ohne die geringsten Forderungen zu stellen, nicht nur ihre Bibel, sondern sie machen selbst den hartnäckigsten Gegnern ihrer Glaubensgemeinschaft ihre Computer-Programme und gigantischen

Datensammlungen völlig kostenfrei zugänglich. Lediglich für die Mikrofilme wird eine Leihgebühr von Euro 5,– eingehoben. Dann kann man einen Film zwei Monate lang benützen. Dieser nahezu kostenlose Service hat seinen guten Grund: Mit zu den Glaubenssätzen dieser Religionsgemeinschaft gehört der möglichst intensive Kontakt jedes Menschen (und natürlich vor allem jedes Gläubigen) zu seinen Verwandten. Und zwar zu allen, zu den lebenden ebenso wie zu den bereits verstorbenen.

„Aber die Mormonen sind doch Sektierer!", werden Sie jetzt vielleicht sagen. Und möglicherweise erinnern Sie sich noch an jene missionierend immer als freundliches Pärchen auftretenden jungen Leute, die auch an Ihre Wohnungstüre geklopft hatten.

Dieses Meinungsbild ist den Mormonen vor allem in Europa speziell in den Kreisen von Katholiken und Protestanten nach wie vor erhalten geblieben. Und das, obwohl die Religionsgemeinschaft seit langem in Österreich als Kirche offiziell anerkannt ist.

Weil die Familie und alle Familienbande bei dieser Glaubensgemeinschaft eine ganz besondere Rolle spielen – es gibt in diesem Zusammenhang sogar eigene Zeremonien –, haben die Mormonen geradezu Gigantisches sowohl an Geld, aber besonders an Arbeit in die Ahnenforschung investiert. Sie verfügen nicht nur über das weitaus größte Daten-Archiv der Welt, sondern auch über ein mächtiges, tadellos funktionierendes Programm (PAF), das sie – so wie eben auch ihre Bibeln – ohne missionarische Hintergedanken selbst an Menschen weitergeben, die nicht ihrer Kirche angehören.

Ein gigantisches Archiv

In ihrer Zentrale in Salt Lake City, Utah, USA, liegen in einem atombombensicheren Felsbunker die mittlerweile mikroverfilmten Kopien für 650 Millionen Familiennamen, dazu noch 125 Millionen weitere Namen, Bibliotheken und Karten. Mit der Sammlung wurde bereits 1894 begonnen. Im fünfstöckigen Bürogebäude stehen neben zahlreichen Kopierern 160 Computer und über 500 Mikrofilm-Lesegeräte zur Verfügung. Über die Mormonen mag jeder denken, wie er will, doch eines ist sicher: Auf dem Gebiet der Ahnenforschung sind sie weltweit – respektvoll und nahezu neidlos anerkannt – absolute Spitze.

Ihre Genealogie-Forschungsstellen gibt es auch in Österreich.
Hier die Liste:

Wien
Leitung: Peter Zornig
Böcklinstraße 55
1020 Wien
Tel.: +43/01/720 79 85-17
gfs@hlt.at
Öffnungszeiten:
Mo 9–18 Uhr
Di–Fr 9–21 Uhr
Sa, So, Ferien u. Fei
geschlossen

Linz
Leitung: Walter Mayer
Spaunstraße 83
4020 Linz
Tel,: +43/0732/34 26 10
gfs-linz@hlt.at
Öffnungszeiten:
Fr 18–20.30 Uhr
Immer telefonische
Vereinbarung notwendig

Wels – hier befindet sich
die österreichische
Ahnenforschungsstelle
Leitung: Ing. Norbert
Willmann
Camillo-Schulz-Straße 30
4600 Wels
Tel.: +43/07242/637 18
gfs-wels@hlt.at
http://gfs-austria.org
Öffnungszeiten:
Di 18–21 Uhr
Mi 17.30–22 Uhr
Do 13–17 Uhr (für Mitglieder)
Do 18–21 Uhr (für alle)
So 12–14 Uhr

Neumarkt am Wallersee
Leitung: Markus Grünauer
Bahnhofstraße 20
5202 Neumarkt am Wallersee
Tel.: +43/06216/48 98
Nach Vereinbarung

Salzburg
Leitung: Gertrud Roth
Andreas-Rohracher-Straße 20
5020 Salzburg
Tel.: +43/0662/82 57 85
Öffnungszeiten:
Di 18–21 Uhr
oder nach Vereinbarung

Innsbruck
Leitung: Johann Pramstaller
Phillipine-Welser-Straße 16
6020 Innsbruck
Tel.: +43/0512/34 24 64
Öffnungszeiten:
Mi 16–20 Uhr

Graz
Leitung: Elfriede Kohlweis
Eckert Straße 136
8020 Graz
Tel: +43/0316/58 56 57
Öffnungszeiten:
Di 17–19 Uhr
Mi 15–18 Uhr
und nach Vereinbarung

Klagenfurt
Leitung: Franz Hinterhofer
Hirschenwirt Straße 17
9020 Klagenfurt
Tel.: +43/0463/211 30
Öffnungszeiten:
Mi ab 18 Uhr
oder nach Vereinbarung

In Deutschland

Die 3700 Familienforschungsstellen der Mormonen gibt es in vielen Ländern der Welt, natürlich auch in Deutschland.
Es gibt sie in Aachen, Annaberg-Buchholz, Augsburg, Bad Kreuznach, Baumholder/Berlin, Bielefeld, Bitburg, Bonn, Brandenburg, Braunschweig, Bremen, Bremerhaven, Celle, Coburg, Darmstadt,
Dortmund – hier befindet sich die Zentrale für die Genealogie-Forschung:
Carl-von-Ossietzky-Straße 5
D-44225 Dortmund (Brünninghausen), Nordrhein-Westfalen
Tel./Fax: +49/231/71 82 56
Öffnungszeiten: Di, Mi, Do u. Fr 10–21 Uhr; Sa 8–14 Uhr (außer an Feiertagen); 1. Sa im Monat geschlossen;
Briefpostadresse:
Genealogie Forschungsstelle Dortmund
z.H. Herrn Walter Nabrotzky
Gabelstr. 10
D-44287 Dortmund
Tel.: +49/0231/45 73 40
Fax: +49/0231/44 61 34 2
E-Mail: walter.nabrotzky@t-online.de

Wenn Sie mit dieser Stelle Kontakt aufnehmen und Sie Ihren Wohnort nennen, kann man Ihnen sofort alle Daten nennen: die nächste Forschungsstelle, deren Öffnungszeiten (die häufig wechseln, weil es sich ja zumeist um ehrenamtliche Helfer handelt), die Art der Betreuung (deutsch oder nur englisch), und vieles andere mehr, etwa ob der Termin günstig ist oder ob es an diesem Tag längere Wartezeiten an den Geräten geben könnte. Also einfach anrufen, faxen, schreiben oder mailen.

Weitere Familienforschungsstellen befinden sich in Dresden, Duisburg, Düsseldorf, Ellwangen, Erfurt. Esslingen, Forst, Frankfurt, Freiberg, Friedrichsdorf, Görlitz, Göttingen, Halberstadt, Halle, Hamburg, Hamm, Hanau, Hannover, Heidelberg, Heilbronn, Koblenz, Köln, Kothen, Krefeld, Landshut, Langen, Langenhorn, Leer, Leipzig, Lübeck, Ludwigsburg, Mannheim, Marburg, Michelstadt, Minden, Mönchengladbach, München, Neubrandenburg, Neumünster, Nürnberg, Offenburg, Oldenburg, Osnabrück, Paderborn, Passau, Pinneberg, Plauen, Rahlstedt, Regensburg, Rheinpfalz, Rosenheim, Rostock, Saarbrücken, Schwenningen, Schwerin, Spandau, Stadthagen, Stuttgart, Tübingen, Ulm, Waiblingen, Wesel, Wetzlar, Wiesbaden, Wilhelmshaven, Wolfsburg, Wolgast, Worms, Wuppertal, Würzburg, Zwickau.

In der Schweiz

In der Schweiz teilt sich die Kirche der Mormonen organisatorisch auf drei Regionen auf, so genannte „Pfähle". Die italienische Schweiz ist Norditalien angeschlossen und wird von der Genealogiestelle Mailand betreut.

Grundsätzlich gibt es die:

Kirche Jesu Christi der
Heiligen der Letzten Tage
Genealogische
Forschungsstelle Zürich
Region Ostschweiz
Herbstweg 120
CH-8050 Zürich
Tel.: +41/01/320 10 97
Öffnungszeiten:
Di 18–21 Uhr
Sa 9–15 Uhr

Kirche Jesu Christi der
Heiligen der Letzten Tage
Genealogische
Forschungsstelle Pratteln
(Basel)
Region Mittelschweiz
Wartenbergstr. 31
CH-4133 Pratteln
Tel.: +41/061/821 00 31
Öffnungszeiten:
Mo 13.30–17.30 Uhr
Di 13.30–21.30 Uhr
Do 13.30–17.30 Uhr
Sa 8.30–12.30 Uhr

Kirche Jesu Christi der
Heiligen der Letzten Tage
Genealogische
Forschungsstelle Genève
Region Westschweiz
32 Ave. Louis Casai
CH-1066 Genève Cointrin
Tel.: +41/022/798 63 57
Öffnungszeiten:
Di 15–21 Uhr
Mi 15–21 Uhr
Do15–21 Uhr
Fr 15–21 Uhr

Church of Jesus Christ of
Latter Day Saints
Centro Genealogico Palo
(für die italienische Schweiz)
Via Don Orione 10
I-201132 Milano
Tel.: +39/02/284 74 17
Öffnungszeiten:
Mo 16–19 Uhr
Di 9–12 Uhr
Mi 15.45–21 Uhr
Do 9–12 Uhr
Fr 9–12 Uhr

Zu den Öffnungszeiten ist zu sagen, dass sie häufig geändert werden. Es empfiehlt sich also – wie bei all diesen Stellen – vor einem Besuch anzurufen.

Exzellente technische Ausrüstung

In allen Genealogie-Forschungsstellen gibt es Mikrofilm- und Mikrofiche-Lesegeräte sowie einige Computer mit entsprechenden Programmen. In jenen Forschungsstellen, die keinen Internet-Anschluss haben, liegen die Datenbanken auf CDs parat. Sie werden jährlich aktualisiert. Auf den CDs und über das Internet haben Sie Zugriff auf mehr als 650 Millionen Namen. Sie wurden von interessierten Forschern weltweit eingegeben. Daneben gibt es als Genealogiequellen 2,5 Millionen Mikrofilme, die Sie zur Ansicht bestellen und in den diversen Forschungsstellen an den Lesegeräten sichten und auswerten können. Diese Filme wurden weltweit in Kirchen-, Landes-, oder Magistratsarchiven aufgenommen.

Interessant für Österreich

Was österreichische Ahnenforscher sicher sehr interessieren wird, weil die Wurzeln häufig in diese Länder reichen: Es gibt auch die verfilmten Archive aus Ungarn und dem ehemaligen Jugoslawien. Letztere wurden gerade noch rechtzeitig vor den Kriegsereignissen aufgenommen, bei denen diese Archive häufig schwer beschädigt oder gar völlig vernichtet wurden. Schon bald werden die bereits verfilmten Archive aus der Slowakei zur Verfügung stehen. Aus Österreich gibt es Filme aus den Landesarchiven, in denen sich die Kirchenbuchabschriften ab etwa 1820 bis 1940 befinden. Leider ist dieses Material nicht aktuell und auch nicht lückenlos. Die Katholische Kirche hat den Mormonen noch keine Erlaubnis erteilt, ihre Archive zu verfilmen. Die „Heiligen der Letzten Tage“ wittern dabei – ein Schelm, der Böses denkt – Gebührenüberlegungen als Grund: Während sie für ihre Dienste keine oder nur ganz geringfügige Manipulations- und Versandgebühren verlangen, sind Forschungen in den Archiven der katholischen Kirche mittlerweile gebührenpflichtig geworden. Deshalb sind nur einige kleine Bereiche wie z. B. das nördliche Waldviertel in Niederösterreich bis etwa 1650 zurück von den Mormonen verfilmt.

Hilfsmittel und freundliche Mitarbeiter

Darüber hinaus stehen in den Forschungsstellen auch Atlanten, Landkarten, Lexika, Handbücher für Familienforschung und sonstige Hilfsmittel zur Verfügung. Die anwesenden Mitarbeiter helfen gerne und gratis bei der Bedienung der Geräte und der Suche nach den Vorfahren. Nur für die Bestellung von Mikrofilmen wird eine Gebühr von wenigen Euro für den Postversand von und zum Zentralarchiv verlangt.

Ein Füllhorn an Computerprogrammen

Ich habe Ihnen schon zu Beginn dieses Abschnitts gesagt, dass es eine Unzahl von Genealogie-Programmen gibt, manche sind deutschsprachig, noch mehr nur englisch und dann finden sich in den meisten gängigen Sprachen nationale Programme. Viele, vor allem der mächtigeren Computer-Programme sind sprachlich umstellbar. Sie haben dann also die Wahl.

Die Programme gibt es in allen Preisklassen: von kostenlos (manchmal auf den CD-Beilagen von Computerzeitschriften oder einfach innerhalb von wenigen Minuten aus dem Internet herunterladbar) bis etwa 100 Euro.

Wie ich Ihnen schon sagte, ist PAF (**P**ersonal **A**ncestral **F**ile), das Mormonen-Programm, nicht nur ziemlich mächtig und ansprechend, es ist vor allem auch kostenlos. Ein (kostenloser) Download ist deshalb sicher sinnvoll. Hier die Adresse: www.gfs-austria.org/downloads.php oder direkt die Download-Site der Mormonen www.familysearch.org/

Es gibt einen ganz einfachen Trick, dieses Programm – wenn es Sie stört – zu „ent-mormonisieren“: Das können Sie entweder gleich beim Installieren machen, also wenn sie PAF auf Ihren Computer laden, der Vorgang ist aber auch später jederzeit möglich. Dazu dient der Installationsbildschirm „Voreinstellungen“. Ihn finden Sie unter den „Extras“. Hier müssen Sie das Kästchen „HLD-Daten“ mit der linken Maustaste so anklicken, dass im kleinen Kästchen kein Häkchen mehr zu sehen ist. Diese Entscheidung müssen Sie danach nur noch mit OK bestätigen.

Mehr über die Genealogie-Bestrebungen der Mormonen, den getätigten Aufwand und die Hintergründe dafür erzähle ich Ihnen später, wenn es um Ihre Ahnenjagd im Internet geht.

Ganz besonders wichtig ist es, dass das Programm, mit dem Sie Ihre Funde zu ordnen beginnen, das so genannte GEDCOM-Format beherrscht. GEDCOM ist die Abkürzung für **GE**nealogy **D**ata **COM**muntications (also den Austausch von Genealogie-Daten), ein Format, das Ihnen – primär über das Internet, aber natürlich auch auf Disketten oder CDs abgespeichert – den Austausch Ihrer Daten mit jenen anderer Ahnenforscher und deren unterschiedlichsten Computerprogrammen ermöglicht. So ganz nebenbei wurde auch dieses international übliche Format von den ahnenforschungsbegeisterten Mormonen entwickelt.

Ergänzen Sie Ihr Basismaterial!

Sind Sie mit dem, was Sie in mühevoller Arbeit gefunden und zusammengetragen haben, wirklich zufrieden? Wahrscheinlich nicht. Für einen Stammbaum wird es kaum reichen. Da sprießt bloß ein zartes, noch ein wenig mickrig wirkendes Bäumchen, aber noch lange kein fester, dicker Stamm. Also müssen Sie Ihr bisheriges Material ergänzen. Doch wo sollen Sie suchen? Wo finden Sie Daten über jene Verwandten, die schon vor Jahrzehnten verstorben sind oder die vielleicht gar in anderen Ländern lebten?

Hilfe bieten hier kirchliche und staatliche Archive. Doch wer in Österreich lebt, hat bald seine liebe Not, vor allem wenn er das vergangene 20. Jahrhundert überbrücken und ins 19. oder gar in noch frühere Zeiten zurückstoßen muss.
Ein ganz kurzer Ausflug in die Geschichte: Am Beginn des 19. Jahrhunderts proklamierte Kaiser Franz II. als Reaktion auf die Kaiserkrönung Napoleons 1804 das erbliche Kaiserreich Österreich.

Als die Monarchie zerbrach

1867 erfolgte unter Kaiser Franz Joseph der Ausgleich mit Ungarn, der die Österreichisch-Ungarische Monarchie begründete, die sich nach 1918 – dem Ende des Ersten Weltkrieges – in eine Vielzahl anderer Staaten auflöste. Ein riesiges Reich zerfiel, Orte verschwanden oder erhielten neue Namen, Pfarreien wechselten, neue Grenzen entstanden. Zurück blieb ein kleines, arm gewordenes Österreich.

Das einstige Königreich Böhmen kam zur Tschechischen Republik, das Königreich Dalmatien fiel an Kroatien und Montenegro, das Königreich von Galizien und Lodomerien kam in Teilen an Polen und die Ukraine, während große Bereiche des Ungarischen Königreiches ziemlich ramponiert gleich an mehrere moderne Staaten verteilt wurden: an Rumänien, Serbien, Kroatien, die Slowakei und die Ukraine. Die früheren Königreiche Lombardei und Venetien waren schon 1859 bzw. 1866 Italien einverleibt worden.

Welch einen markanten Einschnitt all diese Staatswechsel des Jahres 1918 auch für Ihre heutige Familienforschung darstellen, werden Sie bestimmt noch merken, wenn Sie nach Ahnen suchen, die in diesen Gebieten gelebt haben und/oder dort verstorben sind.

Auch im klein gewordenen Österreich gab es Veränderungen. Nur die Herzogtümer Oberösterreich und Salzburg blieben zur Gänze erhalten, während kleine Teile des Erzherzogtums Niederösterreich an Tschechien verloren gingen. Das Herzogtum Bukowina kam teils an die Ukraine, teils an Rumänien, das Herzogtum Kärnten musste Gebietsteile an Italien abtreten. Größter Nutznießer des Teilungskarussels war Slowenien, das neben Teilen Kärntens und des Herzogtums Steiermark noch das ganze Herzogtum Krain einheimsen durfte.

Noch schlimmer erging es den alten Markgrafschaften und Grafschaften: Istrien, das Küstenland, wurde zwischen Kroatien und Slowenien aufgeteilt, Mähren fiel teils an Polen, teils an die Tschechische Republik, während sich Italien und Slowenien die Grafschaften Görz und Gradiska einverleibten. Vom Tiroler Gebiet wurde Südtirol 1919 Italien zugesprochen, unangetastet blieb lediglich die kleine Grafschaft Vorarlberg.

Österreichisch-Schlesien kam an die Tschechische Republik, kleine Teile an Polen, Bosnien-Herzegowina an die modernen

Staaten Bosnien und Herzegowina, und schließlich fiel Triest, die einst österreichische Perle der Adria, an Italien.
Doch auch innerhalb der Grenzen des so arg beschnittenen alten Österreichs gab es Veränderungen, wenngleich ein wenig später: 1921 gelangten Teile Ungarns als neues Bundesland Burgenland zum Gebiet der 1. Republik, während 1922 Wien aus Niederösterreich ausgegliedert wurde und seit diesem Zeitpunkt ein eigenes, selbstständiges Bundesland bildet.

Puzzle mit Hindernissen

Ein scheinbar heilloses Durcheinander, mit dem Sie als wahrscheinlich wenig erfahrener Ahnenforscher konfrontiert werden. Noch dazu wo es in Österreich im Gegensatz zu vielen anderen Ländern kein zentrales Personenregister gibt, in dem man jemanden suchen kann, von dem man nur den Namen kennt. Eine staatliche Erfassung gibt es erst seit 1938/39, bis dahin lag alles im Arbeitsbereich der Kirchen und Glaubensgemeinschaften. Sie kümmerten sich um die Eintragung von Geburten, Hochzeiten und die Verzeichnisse der Todesfälle.
Wenn Sie also nach einem bestimmten Ahnen suchen, müssen Sie fast immer nicht nur seine Zugehörigkeit zu einer bestimmten Religion kennen, sondern auch die Pfarre, in deren Wirkungsbereich die Daten festgehalten wurden.
Welchen Namen trug der Ort damals? War es derselbe wie heute? Oder wurde da etwas geändert? Gab es irgendwelche Zusammenlegungen, die sich auf die Datenerfassung ausgewirkt haben, egal ob im politischen oder kirchlichen Bereich?
In der Praxis bedeutet das:
Sie müssen zunächst feststellen, wie der Ort damals hieß und wer für die Datenerfassung zuständig war. Erst dann haben Sie die Möglichkeit zu ermitteln, ob es diese Daten überhaupt noch gibt – ob sie also die verschiedenartigsten Wirren der Zeit überstanden haben – und wenn ja, wo sie heute aufbewahrt werden.

Erst wenn Sie zu einer Person all das wissen, können Sie weitersuchen. Dieses Problem aber haben Sie mit jedem Menschen, nach dem Sie forschen.

Wenn es um Personen geht, die in größeren Städten gelebt haben, ist das noch relativ einfach, doch es wird ein wesentlich schwierigeres Unterfangen, wenn kleine Orte ins Spiel kommen, und erst recht, wenn diese in Gebieten liegen, in denen es aus Gründen welcher Art auch immer zu „Umbrüchen" gekommen ist. Da kommen Sie bald in die Situation, in der Sie nicht mehr nach einem alten Verwandten suchen müssen, sondern nach der Lagerstätte ihn betreffender Daten. Ohne weiteres kann der Fall eintreten, dass Orts- oder Kirchenbücher damals noch in diesem, heute jedoch in jenem Archiv liegen.

Je schneller Sie derartige Fundstellen aufspüren können, desto größer ist die Chance auf einen Erfolg Ihrer Familienforschung.

Eine erste Hilfe sind historische Karten und deren Vergleich mit heutigen. Hier finden Sie das meiste Material in den Kartensammlungen großer Bibliotheken. Ein guter Tipp: Wenden Sie sich immer zuerst mit einer kurzen, klar umrissenen Frage an den Archivar!

Bibliothekare und Archivare sind nette Menschen

In den vielen Jahren intensiver Bibliothekskontakte habe ich die wirklich gute Erfahrung gemacht, dass Archivare – wenn man ihnen im richtigen Ton begegnet und sie nicht einfach nur als „Bibliotheksangestellte" behandelt – zu den freundlichsten und hilfreichsten Wesen gehören, die man sich vorstellen kann. Vor allem, wenn man sie an Tagen antrifft, an denen sie mit ihren eigenen Pflichten nicht zu sehr unter Druck stehen.

Hüten Sie sich vor solchen „falschen" Tagen! Machen Sie lieber zu einem späteren Zeitpunkt einen weiteren Besuch. Sie werden merken, dass sich das durchaus auszahlt. Zwar wird sich der Bibliothekar keineswegs in die Arbeit stürzen, die Ihnen höchstpersönlich obliegt (also in Ihre privaten Forschungen), doch er wird Ihnen – für ihn geradezu selbstverständlich – zeigen, wie firm er auf seinem Gebiet ist. Aufmerksames Zuhören und das Befolgen seiner fundierten Ratschläge kann Ihnen so viele Wochen langwieriger und unnötiger Arbeit ersparen.

Brüsten Sie sich vor ihm niemals mit Ihrem Wissen! Je armseliger und hilfebedürftiger Sie wirken, desto mehr werden Sie ihn motivieren und zur Herausgabe seines eigenen, meist durch viele Jahre erworbenen Fachwissens bewegen. Fragen Sie ihn jedoch nie: „Ich suche den Ort XY, der aber – ich weiß nicht wie – früher einmal ganz anders geheißen hat. Können Sie mir helfen?" – Das ist entschieden der falsche Weg. Sagen Sie besser:

„Ich suche nach dem Ort XY. Wie er früher geheißen hat, weiß ich nicht. Können Sie mir einen Tipp geben, wie ich das herausfinden kann?"

Bibliothekare – egal in welcher Abteilung einer Bibliothek sie ihren Dienst versehen – sind keine Suchmaschinen, die auf Knopfdruck oder Mausklick das ausspucken, was man von ihnen wissen will, aber sie sind meist äußerst erfahrene, blendende Tipp-Geber. Sie müssen ihnen nur immer mit den richtigen Fragen kommen. Vermeiden Sie lange Sermone, ausschweifende Tiraden, unnötiges Beiwerk. Klare Fragen bringen Sie rasch auf den Weg zu ebenso klaren Antworten.

Machen Sie immer deutlich, dass Sie sich die Arbeit der Suche machen wollen und nicht erwarten, dass das jemand für Sie tut.

Bibliotheken und Archive finden Sie vor allem in größeren Städten, aber keineswegs nur in diesen. Selbst kleinere können z. B. in Stadtarchiven für Sie wertvollste Schätze bergen. Doch auch hier gilt die Regel Nr. 1: Gehen Sie anfangs zuerst immer

zum größten Archiv, das Sie erreichen können, und fragen Sie dort – wohlgemerkt: hilfebedürftig und Rat heischend -, wo Sie am besten Dies oder Jenes finden könnten.
Bei Ihrer Suche werden Sie wiederholt merken, dass ein bestimmtes Dokument zwar in einer Stadtbibliothek aufzufinden gewesen wäre, es aber längst seit Jahrzehnten in einer Kopie in einer für Sie viel leichter erreichbaren und zugänglichen Landesbibliothek liegt.

Bibliotheken und Archive in Deutschland, der Schweiz und in Österreich siehe www.np-buch.at

Alle Bibliotheken und Archive im deutschsprachigen Raum im Buch anzuführen, würde den Rahmen sprengen. Ich verweise Sie auf die Homepage des Verlages www.np-buch.at, wo ich eine Liste der wichtigsten Quellen in Deutschland, der Schweiz und in Österreich für Sie zusammengestellt habe. Es sind die, in denen Sie suchen können und müssen, wenn Sie Erfolg haben wollen.
Zuletzt noch ein guter Rat: Nehmen Sie das Verzeichnis als Hinweis, aber überprüfen Sie stets alle Anschriften, Telefon- und Faxnummern, ehe Sie mit Ihrer Suche aktiv werden. Änderungen sind häufig möglich. Vor allem sind manche Archive und Bibliotheken in den Sommermonaten nur eingeschränkt benutzbar, gelegentlich sind sie sogar geschlossen. Eine gute und gründliche Vorrecherche ist deshalb sehr wichtig. Stellen Sie sich nur vor, Sie würden etwa in ein Archiv nach Budapest oder Prag fahren und dann vor verschlossenen Türen stehen. Merken Sie sich: Je mehr Zeit Sie in die Vorbereitungen Ihrer Recherche investieren, desto besser und leichter wird Ihnen diese dann fallen.

Reden, schreiben, weitersuchen!

Jetzt wird es ernst! Sie haben fleißig alles Material gesammelt, an das Sie gelangen konnten, und Sie haben es auch geordnet. Nun haben Sie den Anfang eines kleinen Stammbaums. Einen, der von Ihnen ausgehend wahrscheinlich eine oder zwei Generationen zurückreicht.

Doch Sie wollen mehr! Das heißt für Sie: Sie müssen Lücken schließen und neue Verwandte aufspüren.

Reden Sie mit Ihren ältesten, noch lebenden Verwandten

Am einfachsten geht das, wenn Sie sich Hilfe suchend an die ältesten, noch lebenden Personen in Ihrer Verwandtschaft wenden. Ich weiß, es ist nicht einfach, einen Onkel einfach anzurufen, mit dem man schon gute dreißig Jahre keinen Kontakt hatte. Doch Sie werden darüber nicht hinwegkommen, wenn Sie Erfolg haben wollen.

So ein Anruf kostet sicherlich einige Überlegungen. Ist der Verwandte schon sehr alt und steht er voraussichtlich spät auf oder geht er extrem früh schlafen? Denken Sie dabei an die üblichen Gewohnheiten alter Menschen. Wählen Sie einen Zeitpunkt, wo Sie mit größter Wahrscheinlichkeit annehmen können, dass Sie nicht stören.

Reden Sie aber nicht um den „heißen Brei" herum. Jemand, mit dem man sehr lange Zeit keinen Kontakt hatte, wird misstrauisch, wenn man ihn nach seinem Befinden fragt. Sagen Sie doch einfach: „Ich bin dabei, die Geschichte unserer Familie

zusammenzutragen. Du bist der einzige, der wirklich noch viel darüber weiß. Kannst Du mir da etwas erzählen. Wie war das doch mit …?"
Sie werden merken, dass speziell alte Menschen rasch zu reden beginnen. Sie fühlen sich auf einmal wichtig, wertvoll, sie sind Informationsträger. Plötzlich spielen sie wieder eine bedeutsame Rolle.
Natürlich ist es am besten, wenn Sie ein persönliches Gespräch vereinbaren können. Versuchen Sie es, denn beim Telefonieren kommt oft kein richtiger Kontakt zustande.

Einfach weiterfragen

Fragen Sie aber in jedem Fall, wer Ihnen vielleicht noch weiterhelfen könnte, wer vielleicht noch etwas weiß. Bitten Sie außerdem um eine Vermittlung für ein solches Gespräch. Wenn der alte Onkel Franz etwa die noch lebende Cousine Maria anruft und ihr sagt, welche Wünsche Sie haben, dann wird plötzlich für alles Weitere eine ganz andere, wesentlich positivere Stimmung herrschen.
Manchmal wird es notwendig sein, dass Sie so einem alten Verwandten schreiben müssen. Es kommt sehr darauf an, dass Sie den richtigen Ton treffen. Unter Umständen können Sie aufgrund Ihrer bisherigen Unterlagen und Informationen ganz konkrete erste Fragen stellen. Setzen Sie dabei Ihr Ziel – nämlich die *gemeinsame* Familiengeschichte – immer in den Mittelpunkt. Mit einem solchen Brief können Sie oft viele bisherige Lücken schließen. Ein wenig Glück vorausgesetzt, kommt es zu einem Treffen. Vielleicht gibt es sogar alte Dokumente, Briefe, Fotos und anderes mehr, das Ihr bisheriges Basismaterial vergrößert und ergänzt.

Eine weitere Quelle: Freunde von Verwandten

Eine weitere Quelle können Freunde von bereits verstorbenen, aber durchaus auch noch von lebenden Verwandten sein. Sie haben Ihre Familienmitglieder unter Umständen viele Jahre, ja sogar Jahrzehnte begleitet, waren mit ihnen in Kontakt, haben viel gemeinsam durchgemacht. Notzeit, Hunger, Krieg, vielleicht sogar Vertreibung, Flucht. Das sind jene Menschen, die Farbe, Leben in Ihre Forschung bringen, damit es nicht ein bloßes Namens- und Zahlenspiel bleibt.

Dabei denke ich nur an meine Schwiegermutter. Sie – mittlerweile 83 Jahre alt – hat Freundinnen aus der „Sandkistenzeit". Und diese Freundinnen können sich bisweilen an Erlebnisse, an Menschen, an Situationen erinnern, die aus irgendeinem Grund aus dem Gedächtnis meiner Schwiegermutter verschwunden sind. Umgekehrt ist das natürlich ebenso der Fall. Ich will damit sagen, dass solche Freunde eine wertvolle, wichtige und höchst informative Bereicherung Ihrer Daten- und Informationssammlung darstellen können.

Äußerst hilfreich: Telefonbücher

Eine weitere Quelle sind – es klingt simpel und kann dennoch von Erfolg gekrönt sein – Telefonbücher. Suchen Sie einfach Namen Ihrer Familie. Hier ist es allerdings besser, wenn Sie einen netten, kurzen Brief schreiben und nicht einfach anrufen. Viele Menschen werden höchst skeptisch, wenn sie jemand Fremder anruft und nach einer verwandtschaftlichen Beziehung fragt. Schließlich und endlich gibt es ja auch eine Namensgleichheit, die mit Ihrer Familie absolut nichts zu tun hat. Oder es kann irgendein höchst junges Familienmitglied am anderen Ende der Leitung sein, das mit Ihrer Frage nicht das Geringste anfangen kann.

Die Methode mit den Telefonbüchern funktioniert natürlich nur dann, wenn Ihr Name nicht sehr häufig oder gar landläufig ist. Wenn Sie also Müller, Meier oder Schmied heißen – vor allem die beiden letztgenannten Familiennamen in den verschiedensten Schreibweisen –, dann sieht es für Sie sehr schlecht aus. Einen solch häufigen Namen werden Sie in nahezu jedem Ort finden. Die Chancen aber, dass Sie mit dem Betreffenden tatsächlich verwandt sind, sind gleich Null! Sparen Sie sich die Arbeit – zumindest so lange Sie nicht im Internet hängen. Dann kann ihnen die Häufigkeit eines Familiennamens in einem bestimmten Gebiet für weitere Nachforschungen durchaus einen wichtigen Hinweis geben. Denken Sie nur daran, was ich Ihnen zuvor von Professor Udolph erzählt habe. Doch über die Internet-Suche ein wenig später.

Haben Sie jedoch einen seltenen Familiennamen, also einen, der sich in einem Land höchstens ein- oder zweihundert Mal findet, kann Ihnen der Blick ins Telefonbuch auch ohne Internet einige neue Kontakte bringen.

Immer wieder alles aufschreiben

Ganz wichtig ist, dass Sie über all Ihre Recherchen – egal ob telefonisch oder schriftlich – genau Buch führen. Wann haben Sie das Gespräch geführt, wann haben Sie geschrieben? Wann haben Sie welche Antworten erhalten? Hat man Ihnen vielleicht einen wichtigen Tipp gegeben („Ich bin mit Ihnen sicher nicht verwandt, aber vielleicht ist es der Herr X in Y. Mit dem bin ich schon oft verwechselt worden. Aber er ist viel jünger als ich …“). Nur wenn Sie solche Notizen – gut überblick- und abrufbar – aufbewahren, wird Ihnen das Jagdglück hold sein. Mit einem Computer haben Sie es da natürlich viel einfacher. Eine kleine Datei mit allen Daten Ihrer Suchtätigkeit genügt.

Ich persönlich habe mich schon einige Male der Telefonbuch-Methode bedient. Besonders gut bin ich in jenen Fällen gefahren, in denen ich nicht zuerst die Frage gestellt, sondern einige Daten aus meinem Umfeld preisgegeben habe, etwa „Mein Vater war … Er ist vor zehn Jahren in Wien gestorben. Von Beruf war er Chauffeur für die Direktion der Wiener Verkehrsbetriebe.“ Dann merkt der Angerufene, dass Sie auch Informationen bieten und nicht bloß etwas von ihm wollen.

Das Gesprächsklima ist in jedem Fall mit einem Schlag sofort viel besser.
Selbstverständlich ist es, dass man Leute, mit denen man zum ersten Mal telefoniert oder ihnen schreibt, nicht nur begrüßt, sondern auch, dass man sich entsprechend vorstellt. Je lockerer das geschieht, desto besser ist es.

Informanten neugierig machen!

Bisher ging es immer nur darum, eventuelle neue, entfernte Verwandte zu finden. Direkt, telefonisch oder durch einen kurzen Brief. Doch wie läuft alles, wenn Sie Auskünfte von irgendeiner Behörde, einer anderen amtlichen Stelle, von einem Pfarrer oder Pastor haben wollen?
Denken Sie vor allem daran, dass kein Mensch Interesse hat, Ihre ganze Familiengeschichte zu lesen. Gerade wenn bei solchen offiziellen Stellen ein ellenlanger Bittbrief eintrifft, sinken die Chancen auf Antwort – geschweige denn eine rasche – im Nu ins Bodenlose. Machen Sie Fremden, von denen Sie eigentlich etwas wollen, nicht unnötige Arbeit, nicht lästige Mühe. Fassen Sie sich immer möglichst kurz. Stellen Sie anfangs nicht zu viele Fragen. Eine oder zwei reichen. Aus der Antwort werden Sie sehen, ob Sie einen hilfsbereiten Menschen getroffen haben. Dann können Sie ermessen, ob Sie gelegentlich – bitte nicht gleich! – neue Fragen stellen dürfen.

Wenn es fremdsprachig wird

Alles ist noch relativ einfach, solange Sie sich verständigen können. Das ist ja schließlich die Voraussetzung für jede Kommunikation. Doch es wird schwierig, wenn das nicht mehr klappt, weil der jeweilige Gesprächpartner eine Sprache spricht, die Sie nicht beherrschen.
Doch die Verständigungsprobleme müssen gar nicht erst in diesen Bereich ragen. Es reicht, wenn Ihr Gesprächspartner einfach behauptet, er könne Sie beim besten Willen nicht verstehen. Wer Deutsch spricht, hat in manchen östlichen EU-

Staaten bisweilen arge Probleme. Vor allem wenn der Befragte weder vergessen noch verzeihen kann oder will, was ihm und anderen Angehörigen seiner Nation selbst vor 60 oder gar 70 Jahren von Deutsch sprechenden Menschen angetan wurde.
Eine Nenn-Tante, die viel in Tschechien und Ungarn ahnenforschend unterwegs war, machte wiederholt diese bittere Erfahrung.
„*Einmal*", so erzählte sie, „*sprach ich mit einem Priester. Oder besser gesagt, ich wollte mit ihm sprechen. Er aber gab mir gestikulierend und radebrechend zu verstehen, dass er Deutsch nicht verstehe. Mein Besuch bei ihm verlief ohne den geringsten Erfolg. Wenig später aber hörte ich ihn – ohne dass er es wusste – geradezu in reinstem Burgtheater-Deutsch parlieren.*"
Wenn Sie reisend in Ländern unterwegs sind, in denen Sie die Sprache nicht beherrschen, müssen Sie wohl oder übel die meist kostspielige Hilfe eines Übersetzers in Anspruch nehmen. Doch auch hier können Sie sich ein wenig helfen. Es gibt viele kleinere Übersetzungsbüros (gerade im Ausland), die sich häufig Studenten bedienen und deshalb ihre Dienste günstiger anbieten können.
Da zahlt es sich wirklich aus, Zeit für die vorherige und rechtzeitige Suche nach einer geeigneten Hilfskraft zu investieren. Jede Vorbereitungsarbeit ist in so einem Fall ganz besonders wichtig.
Für kurze, briefliche Erstkontakte aber werden Sie meist keinen Dolmetscher brauchen. Da genügen einfache Musterbriefe. Es geht hier ja nur darum, dass Sie sich verständlich machen und klar Ihre Wünsche – nein: Bitten! – vorbringen können.

Achtung! Das ist ganz wichtig!

Zwei Dinge sollten Sie bei allen Schreiben an offizielle und zum Teil auch an private Stellen unbedingt beachten:
- Legen Sie immer ein an Sie adressiertes Rückkuvert und einen internationalen Antwortschein bei, der in jedem

Postamt erhältlich ist. Dort erhalten Sie auch Auskunft über die Höhe des Portos. Denken Sie bitte daran, wie Sie sich voraussichtlich ärgern, wenn Sie jemandem helfen und dann auch noch das Porto auslegen sollen. Das gilt für den offiziellen Bereich und manchmal auch für den privaten, vor allem, wenn es sein könnte, dass der Briefempfänger wirklich nicht mit Ihnen verwandt ist.

- Beim Schreiben an offizielle Stellen hat es sich innerhalb der riesigen weltweiten Gemeinde der Ahnenforscher eingebürgert, dem Brief eine gewisse Aufwandsentschädigung, einen Spesenbeitrag oder einfach eine kleine Spende beizulegen. Im Allgemeinen ist dafür ein Betrag von 10 bis 15 Euro üblich. Ich habe allerdings schon Fälle erlebt, wo die Spende mit einem freundlichen „Das ist ja selbstverständlich, das habe ich gerne gemacht" wieder mit dem Antwortbrief zurückkam. Häufig ist das freilich nicht, und es hat auch schon viele Bitten um Auskunft gegeben, wo zwar der Spesenersatz gerne, aber nicht dankend angenommen und ohne die geringste Gegenleistung eingestreift wurde.

Wenn Sie schon einige Scheine auf „gut Glück" ins Ausland versenden, dann sollten Sie den Versand zumindest dadurch sichern, dass Sie ein gefüttertes, blickdichtes Kuvert verwenden. Sie verstehen?

Sie beherrschen die jeweilige Fremdsprache nicht? Auch kein Problem. Sie werden dafür sicher keinen Übersetzer bemühen müssen. Priester, Pastoren und auch Leute, die in Archiven arbeiten, sind nahezu immer so gebildet, dass sie zumindest eine Fremdsprache wenigstens ansatzweise verstehen können. Dabei hat sich vor allem in den letzten Jahrzehnten Englisch weltweit durchgesetzt. Wenn Sie also Ihren Brief sowohl deutsch als auch englisch schreiben, kommen Sie fast immer gut durch, und es wird keine nennenswerten Missverständnisse geben.

In einem der folgenden Kapitel werden ich Ihnen – wenn Sie

bereits das Internet für Ihre Forschungen nutzen können – einige andere Quellen für Musterbriefe nennen, speziell für solche nach Tschechien, die Slowakei, Ungarn und Ex-Jugoslawien.
Hier nun die wichtigsten Musterbriefe für Ihre Post ins Ausland.

Zuerst das deutsche Original:

Sehr geehrte Damen und Herren,
(Besser ist es, wenn Sie bereits die Person kennen, an die Sie schreiben, oder wenn Sie einen katholischen Priester mit „Herr Pfarrer" und einen evangelischen mit „Herr Pastor" ansprechen.)
Zur Vervollständigung meiner Familiengeschichte benötige ich nähere amtliche Angaben über die Familie des/der 1)__________, geboren am 2)__________ in 3)__________.
Ich bitte Sie freundlichst um Übersendung eines vollständigen Auszuges aus Ihrem Geburts-/ Heirats-/ Sterberegister zur vorstehend genannten Person.
Sollte es Ihnen möglich sein, mir ebenfalls Auszüge über Geburt, Heirat oder Tod seiner/ihrer Eltern anzufertigen, die im gleichen Ort gewohnt haben sollen, so wäre ich Ihnen auch für diese Hilfe sehr dankbar.
(Falls das für Ihre Suche nicht zutrifft, können Sie diesen Absatz streichen.)
Zur Deckung Ihrer Gebühren lege ich Euro 10,– bei. Sollten Ihnen weitere Auslagen entstehen, so bitte ich Sie, mir dies mitzuteilen.
(Hier können Sie natürlich auch einen anderen Betrag einsetzen.)
Für Ihre Hilfe danke ich Ihnen herzlich im Voraus.

Mit freundlichen Grüßen
(Ihre Unterschrift/Adresse/Telefonnummer o.ä.)

Auf Englisch können Sie folgenden Text schreiben:

Gentlemen:
(Wenn Sie an einen kirchlichen Würdenträger, einen Pfarrer oder Pastor schreiben, dann verwenden Sie besser die Anrede: Dear Sir und streichen „Gentlemen" einfach weg.)
In order to complete my family history, I am in need of more precise official data on the family of
1)_________ born 2)_________ in 3)_________.
I would kindly like to ask you to send me a complete excerpt from your birth-/ marriage-/ death registers for the person mentioned above.
Should you be able to let me have, in addition, the birth-, marriage- or death records of his/her parents, who are said to have lived in the same place, I would be most grateful for your assistance in this matter. *(Wenn dieser Satz für Ihre Suche nicht zutrifft, können sie ihn ersatzlos streichen.)*
To cover your fees, I am enclosing 10,–. Should you incur additional expenses, please let me know.
(Auch hier können Sie natürlich einen anderen Geldbetrag einsetzen, es sollte nur derselbe sein, wie im deutschen Muster-Brief)
Thank you in advance for your help.
Sincerely yours,
(Ihre Unterschrift/Adresse/Telefonnummer o. ä.)

Mit diesen beiden Musterbriefen sollten Sie – wie schon gesagt – überall durchkommen. Wichtig: Trotz richtig adressiertem Rückumschlag den internationalen Antwortschein nicht vergessen! Es kann sein, dass Sie ein wenig länger auf die Antwort warten müssen, weil Sie nicht gleich in der Landessprache geschrieben haben, doch niemand wird Ihnen deshalb nicht antworten, und niemand wird sich ausreden, er habe Ihre Bitte nicht verstanden.
Also – versuchen Sie es doch! Ich höre noch die Worte meines älteren Sohnes Florian: *„Erfolg hat drei Buchstaben: TUN!"*

Wenn ein Familienereignis zum Treffen ruft

Dass möglichst viele Verwandte zusammenkommen und unter Umständen selbst von weither anreisen, ist sicherlich selten. Und ebenso selten ist der Grund ein sehr freudiges Ereignis. Geburtstage – ausgenommen wichtige, runde – sind zu klein und unbedeutend, Taufen ebenso, eine Hochzeit hingegen kann schon eine Reihe von Menschen aus dem Kreis der lieben Verwandtschaft zusammentrommeln. Doch viele Menschen aus der Familie ruft ein Anlass zusammen, der den letzten, endgültigen Abschied von einem Verwandten bedeutet: sein Begräbnis.

Selbst ein trauriger Anlass kann Informationen bringen

Ein Begräbnis hat etwas Mystisches an sich. Schon seit Urzeiten und egal unter welchen Macht- und Glaubensverhältnissen. Gleichgültig oft auch, ob arm oder reich: Begräbnisse ließen selbst bei recht einfachen Verstorbenen schon immer viele Menschen zusammenströmen. Schließlich ist ein Begräbnis eine Zäsur, ein Schnitt. Es ist der Moment, in dem wir uns – bei aller Pietät und Grabfürsorge – mehr oder minder für immer physisch von einem Menschen trennen, selbst wenn wir uns sagen, diese Person sei nicht *von* uns, sondern nur *vor* uns gegangen.

Nun kommen bei einem Begräbnis meist Verwandte zusammen, die sich schon lange nicht gesehen haben. Erstaunen macht sich dann in manchen Gesichtern breit. Und fast immer fällt irgendwann in der Runde, die sich zum so genannten „Leichenschmaus" zusammensetzt, der Satz: „So darf es nicht weitergehen. Wir treffen uns immer nur bei Begräbnissen. Wir sollten uns öfter unter anderen, besseren Bedingungen sehen!" Jeder nickt und zeigt sich mit dem Vorschlag einverstanden – und später bleibt doch alles beim Alten. Jeden hat das Leben zu sehr im Griff, als dass er sich mit sporadischen Verwandtentreffen abgeben könnte.

Für einen ahnensuchenden Menschen wie Sie sollte es aber immer einen triftigen Grund geben, mit Familienmitgliedern Kontakt zu halten. Gerade sie können Ihnen bei Ihren Nachforschungen sehr viel helfen. Stellen Sie sich doch nur vor, jeder dieser Menschen würde sein Wissen über die Familie zusammentragen, und nach einiger Zeit würde dann alles bei Ihnen landen. Wie viele Lücken könnten Sie schließen, die bis dahin bestanden haben, wie viele neue Tore in die Vergangenheit könnten mit einem Schlag geöffnet werden.

In den USA, wo man sich seit Jahrzehnten viel intensiver als bei uns in Europa mit der Ahnenforschung befasst und wo neben dieser als „Hobby" titulierten, bisweilen über Jahre und Jahrzehnte ausgeübten Tätigkeit auch eine davon lebende blühende Industrie entstanden ist, hat sich daraus der „Familienbrief" entwickelt.

Das ist gar keine schlechte Sache, sicher ein wenig zeitaufwändig, doch mit interessanten Ergebnissen verbunden.

Ein Brief kann viele Bande knüpfen

Ein Familienbrief beginnt damit, dass jemand – im konkreten Fall vielleicht Sie – einen Brief an einen Verwandten schreibt. Er zählt darin alles auf, was er über die Familie weiß, nennt alle Daten und erzählt von wichtigen Ereignissen. Zum Schluss bittet er den Empfänger, also den Verwandten, das

Gleiche zu machen und dann den Brief, mit seiner Empfehlung, wer ihn als nächster erhalten solle, zurückzusenden.
Mit einer solchen Antwort ist das Wissen über die Familie schon gewachsen, und mit der Empfehlung eines weiteren Verwandten kündigt sich bereits eine neue Bereicherung an. So geht das weiter, von einem Familienmitglied zum anderen. Die Retoursendung braucht nur kopiert und mit einer neuen kurzen Einleitung wieder auf den Weg geschickt werden. Kaum jemand in der Verwandtschaft wird da nicht mitmachen, vielleicht der eine oder andere weniger begeistert und ausführlich, doch die Kette wird kaum jemand unterbrechen. Und wenn es – aus irgendeinem Grund – zu einem plötzlichen Stopp der Informationen aus dem Familienkreis kommt, gibt es ja noch immer die Kopien. Mit ihnen kann alles wieder neu begonnen und so die Recherche-Kette fortgesetzt werden.
Was halten Sie davon, wenn Sie so einen Familienbrief starten? Ein Begräbnis, bei dem Sie Adressen mit Verwandten austauschen, könnte so etwas auslösen. Haben Sie eigentlich Visitenkarten, selbst wenn diese im „elektronischen Zeitalter" kaum noch modern sind? Sie sollten sich für diesen Zweck einige zulegen. Das ist wesentlich praktischer, als ein mühsames Aufschreiben von Adressen und Telefonnummern. Notieren Sie sich immer auch noch einige persönliche Hinweise, damit Sie später wissen, wer tatsächlich hinter dieser oder jener Anschrift steckt. Wenn also etwa bei einer Adresse der Vermerk steht „klein, schwarzhaarig, immer trauriges Gesicht", dann wird diese Person sogleich wieder für Sie präsent sein.

Machen Sie Bilder!

Apropos präsent sein: Im Verwandtenkreis wird es Ihnen niemand ernsthaft übel nehmen, wenn Sie fotografieren. Einfach so, dass in jedem das Gefühl entsteht, Sie würden ein winziges

Stückchen der Familiengeschichte im Bild festhalten, einen Augenblick, der in der Erinnerung erhalten bleiben soll. Sie müssen ja keine Bildkunstwerke schaffen, einfache Schnappschüsse genügen.

Sie können die einfachste Kamera verwenden, doch wesentlich besser dafür geeignet – weil etwa auch für Nahaufnahmen in Archiven, für die Archivierung und auch die Weitergabe im Internet geeignet – ist eine durchaus einfache Digitalkamera mit 3 bis 5 Mega-Pixel. Die gibt es oft schon unter Euro 250,– So haben Sie später nicht nur Erinnerungen zur Hand, wen Sie bei ihren weiteren Nachforschungen anreden oder anschreiben, sondern gleichzeitig auch Fotos, die Ihre Familiengalerie bereichern. Schließlich sieht ein illustrierter Stammbaum wesentlich besser und interessanter aus, als ein schlichter, nüchterner, der nur aus Daten besteht.

Nahezu jedes Computerprogramm bietet Ihnen überdies die Möglichkeit, solche Fotos in Ihre Datensammlung einzubinden. Und da tauchen dann eben der Onkel Alois oder die Urgroßtante Frieda am Bildschirm auf, wenn Sie die Stammbaumansicht oder zumindest die entsprechende Datei aufrufen.

Fotos sind eine praktische Hilfe

Mit dem Fotografieren beim Begräbnis eines Familienmitgliedes verschaffen Sie sich überdies sofort noch einen anderen, durchaus triftigen Grund, mit diesem oder jenem aus der Verwandtschaft auf höchst positive Weise in Verbindung zu treten: Mit der Zusendung Ihrer Fotos! Bei dieser Gelegenheit können Sie noch die eine oder andere bis dahin ungeklärte Frage zur gemeinsamen Familiengeschichte stellen. Sie werden bestimmt nicht auf taube Ohren stoßen. Die Antwort ist gewissermaßen Ihr kleines, bescheidenes „Honorar“.

Begräbnisse haben fast immer auch etwas mit Friedhöfen zu

tun, mit Gräbern, vielleicht sogar Familiengräbern, in denen viele Verwandte bestattet liegen. Die Inschriften auf den Grabsteinen und Grüften können Ihnen sehr viel verraten. Oft diesen oder jenen Vornamen, auf den Sie bisher noch nicht gestoßen sind, manchmal sogar einen Beruf. All das kann Ihnen bei Ihrer Spurensuche in der Vergangenheit eine höchst wertvolle Hilfe sein. Sicher ist es nicht schlecht, wenn Sie auch für derartige „Notizen" eine Kamera benützen. Digitale Fotos haben den Vorteil, dass sie im Nu auf den Computer geladen und weiterverarbeitet werden können.
Wenn es also ein solch trauriger Anlass ist, der Sie zu einem Familientreffen führt, dann sollten Sie zum Begräbnis nicht nur mit dem Wunsch gehen, von dem Ihnen mehr oder minder lieben Verwandten Abschied zu nehmen, sondern gleichzeitig mit dem Bestreben, über Ihre Familie möglichst viel Neues zu erfahren.
Wichtig ist allerdings, dass Sie sich vor einem solchen Begräbnis gut vorbereiten, vor allem, dass Sie aus den Personenblättern erheben, wo Ihre Wissenslücken bestehen und was alles Sie ermitteln wollen. Dann können Sie im Familienkreis wahrscheinlich mit Leichtigkeit in Erfahrung bringen, wo genau der Urgroßvater geheiratet hat oder welchen Beruf seine Mutter ausübte. Erst solche Bereicherungen machen Ihren Stammbaum farbig und lebendig. Mit dem Sammeln und Notieren wichtiger Daten allein ist es – wie schon gesagt – nicht getan.
In einer Familienrunde ist es notwendig, dass Sie erkunden, wer die Antwort auf eine bestimmte Frage wissen könnte. Das wird Ihnen weiterhelfen. Aus dem latenten Wissen des zum Teil gemeinsam Erlebten sehen gerade ältere Menschen ganz andere Querverbindungen als jüngere. Der Tipp „Frag doch den Karli, der war mit deinem Vater im Krieg eingerückt, er sitzt ohnedies da hinten!", kann Gold wert sein.

Die Familie ist etwas Einigendes. In einer Situation, die sie zusammengebracht hat, so bitter und traurig sie auch sein mag, wird man Ihnen gerne sicher weiterhelfen.

Pflegen Sie die persönlichen Kontakte

Doch es soll ja auch danach weitergehen, Sie brauchen ebenso in Zukunft Hilfe. Deshalb muss es bei einem Familientreffen stets Ihr Bestreben sein, nicht nur Kontakte zu erneuern oder zu knüpfen, sondern diese auch zu erhalten. Es wird wichtig sein, dass man sich an Sie erinnert, wenn Sie einmal anrufen. Nur dann wird man sich die Mühe machen, eventuell einige Dokumente herauszusuchen und für Sie abzuschreiben.

Ahnen- und Familienforschung ist keine Tätigkeit der großen Schritte, sondern eher eine der ganz kleinen. Jeder dieser Schritte ist unter Umständen mit sehr viel Aufwand und unter Umständen auch mit erheblichen Kosten verbunden. Es ist ein Aberglaube, wenn jemand meint, er könne sich seinen Stammbaum in einigen Tagen oder Wochen zusammenzimmern.

Nur wer sich „blauen Blutes“ rühmen darf, hat da eine solche Chance, weil es in adeligen Familien schon immer üblich war, über die Herkunft möglichst genau und umfassend Buch zu führen. Deshalb existieren immer genügend Quellen, die die Arbeit sehr erleichtern. Adelsverzeichnisse, Bücher, ja selbst Privatarchive, die anderen kaum offen stehen, helfen.

Da gibt es doch in Deutschland eine Familie, die – minutiös aufgelistet – ihren Stammbaum bis auf Kaiser Karl den Großen zurückführen kann. Und in den USA wurden Stammbäume einiger Präsidenten erstellt, die zum normannischen Bezwinger Englands, William den Eroberer, zurückreichen. Freilich, wie viel Material aus eher obskuren Quellen stammt und einer scharfen Prüfung kaum standhalten würde, steht im Raum.

In einer Gruppe liegt viel Kraft

Wenn Sie ein wenig Glück haben, finden Sie bei einem Familientreffen auch noch einen anderen Verwandten, der entweder bereits selbst schon der Familienforschung verfallen ist, oder den Sie im Gespräch gleichsam „anstecken" können. Wenn zwei oder gar noch mehr Personen an einem Strang ziehen, wird die Arbeit rasch wesentlich schneller von Erfolg gekrönt. Jeder Mensch denkt anders, sucht anders. Das macht dann den Unterschied zur Einzelarbeit aus. Und ganz interessant wird es, wenn sich Archiv-Sucharbeit verteilt. Da lassen sich viel Zeit und Mühe sparen.
Ganz besonders wichtig ist in jedem Fall die Kommunikation. Sorgen Sie dafür, dass sie stets aufrecht bleibt. Wenn Sie sich bei Ihren Verwandten nur ein- oder zweimal im Jahr melden, geraten Sie und Ihr Bestreben rasch in Vergessenheit.

Seien Sie bitte niemals lästig!

Andererseits dürfen Sie die Mitglieder Ihrer Familie nie mit Fragen oder gar Bitten bombardieren. Wenn jede Woche ein Brief von Ihnen eintrifft, werden Sie rasch lästig. Sicherlich werden Sie bald erkennen, wer sich für Ihre Arbeiten begeistert und wen sie eigentlich kalt lassen. Hier liegt es an Ihrem Einfühlungsvermögen, immer die richtige Wahl zu treffen. Schon die ersten Antworten werden Ihnen den richtigen Weg weisen. In diesem Zusammenhang möchte ich Ihnen eine ganz wichtige Grundregel jeder guten Recherche ans Herz legen: Bleiben Sie hartnäckig und verfolgen Sie immer Ihr Ziel, wenn Sie bereits den Zipfel einer Antwort in der Hand haben, aber werden Sie niemals unangenehm und lästig!

Sind Sie schon online?

Leben Sie bereits in der virtuellen Zauberwelt des Internets? Bedienen Sie sich des elektronischen Postempfangs- und Versands, der E-Mail? Erleben Sie ständig das herrliche Gefühl, mit einem einzigen Klick auf die „Maus“ innerhalb von Sekunden oder gar Bruchteilen von einem Kontinent auf einen anderen springen zu können? Eben waren Sie in einer Bibliothek in Europa, mit einem Klick sind Sie in einem Archiv irgendwo in den USA oder in Australien.

Vor rund 20 Jahren hätten die im Titel angesprochene Frage nur einige Eingeweihte verstanden, heute hingegen ist sie sehr vielen Menschen völlig klar.
Das Internet hat unsere Welt total verändert. Es hat uns viel Schönes gebracht, aber auch vieles, was wir eigentlich nicht haben wollten. Viren, pornographische Seiten, unerwünschte Werbezusendungen und vieles andere mehr. Doch zweifelsfrei überwiegen die Vorteile.
Gewaltige Veränderungen gibt es durch das Internet ebenso auf dem Gebiet der Ahnen- und Familienforschung. Da kann es Ihnen in vielen Bereichen sehr helfen. Aber natürlich kann es keine Wunder bewirken: Für Ihre eigene Suche werden sich zwar viel mehr und auch ganz andere Möglichkeiten als bisher eröffnen, aber Ihr Stammbaum wird sich dadurch keineswegs automatisch füllen.

Ganz wichtig für das Internet

Doch ehe ich Sie über die konkreten Möglichkeiten für Ihre Forschungen mit Hilfe des Internets informiere, möchte ich

Ihnen kurz einiges über das WEB, also das „Netz" erzählen, wie es allgemein kurz genannt wird.
Wer schon ein erfahrener, routinierter Surfer ist, wird auf den nächsten Seiten vielleicht die eine oder andere Ergänzung finden. Ein Überfliegen wird reichen. Doch jedem Neuling oder gar jedem „Netz-Unerfahrenen" werde ich sicher den Mund wässrig machen, wenn er erfährt, was das Netz auf dem Gebiet der Ahnenforschung alles bieten kann.
Ehe Sie sich jedoch im Zusammenhang mit Ihrer Ahnenforschung ins Internet begeben, möchte ich Ihnen einige Ratschläge zukommen lassen:

Virenschutzprogramme

Kümmern Sie sich gleich zu Beginn um ein gutes Virenschutzprogramm mit einer Aktualisierung der Daten über das Internet sowie um eine so genannte Firewall. Beispiele für gute Virenschutzprogramme sind etwa die diversen Norton-Programme von Symantec (mehr unter www.Symantec.com/region/de/ oder F-Protect der isländischen Programmschmiede Frisk (mehr Informationen unter www.f-prot.com/index2.html).
Mit einer Firewall – das entspricht im übertragenen Sinn der Brandschutzmauer zwischen zwei nebeneinander stehenden Häusern – hingegen können Sie weitgehend verhindern, dass jemand Fremder auf Ihren Computer und somit auf Ihre Daten zugreift. Wenn Sie noch Anfänger im Internet sind, sollten Sie sich bei der Einrichtung dieser Programme von einem Fachmann helfen lassen, damit Ihr Computer einigermaßen sicher wird.
Ein gutes Mittel gegen so genannte Spyware (Programme, die Ihr Surfverhalten im Internet ausspionieren und für Werbung nutzen) ist das schwedische Programm Ad-aware (mehr unter www.Ad-aware.de).
Die Preise für all diese so wichtigen Programme sind durchaus erträglich, ändern sich jedoch durch Aktionen immer wieder,

so dass ich Ihnen hier keine aktuellen Angaben machen kann. Außerdem gibt es für viele der eben genannten Programme auf den Disketten verschiedener Computer-Zeitschriften immer wieder nur minimal in ihrer Funktion eingeschränkte Light-Versionen völlig gratis.

Übersetzungsprogramme

Weiters möchte ich Ihnen den Kauf eines guten Online-Übersetzungsprogramms empfehlen. Dann können Sie – wenn das richtige Lexikon geladen ist – mit einem Klick auf die rechte Taste Ihrer Maus (aber das lässt sich in den Grundeinstellungen auch ändern) sofort das Wort übersetzen, auf das der Cursor zeigt.

Es gibt eine ganze Reihe von solchen Übersetzungsprogrammen, doch weltweit führend ist das Programm Babylon-Pro. Derzeit liegt es in der Version 5.0 vor und kostet für Deutsch/Englisch etwa 50 Euro (für eine unbeschränkte Nutzungsdauer) oder pro Jahr knapp 25 Euro. Demoversionen und ausführliche Programm- und Bestell-Informationen erhalten Sie, wenn Sie in Ihrem Internet-Browser – meist wird es ja einer von Microsoft sein (er ist weltweit am stärksten verbreitet) – in die Adresszeile die Adresse www.babylon.com eintippen. Wenn Sie auf dieser Seite bei „Search" das Wort „genealogy" eingeben, finden Sie sogar einige (derzeit 6) genealogische Wörterbücher etwa für alte Berufsbezeichnungen oder alte Vornamen. Bei einer Suche in fremdsprachigen Datenbanken kann Ihnen das manchmal eine wertvolle Hilfe sein.

Google-Toolbar

Äußerst nützlich ist es, gleich bei Ihrem Start ins Internet die Google-Toolbar zu laden. Sie finden sie völlig gratis unter der Adresse http://toolbar.google.de. Auch andere Suchmaschinen wie etwa Yahoo haben solche praktische Zusatzprogramme.

Google aber ist jene Suchmaschine im Internet, die die weitaus meisten Sites verzeichnet hat, wesentlich mehr als Konkurrenten wie etwa Altavista oder Lycos. Und zwar in einer solchen Vielfalt, dass vor allem dem Anfänger der Überblick schwer fällt. Immer häufiger mischen sich auch total themenfremde Adressen in die Suchergebnisse.

Die „Toolbar" ist gewissermaßen die Werkzeugkiste dieser großen und aller kritischen Stimmen zum Trotz noch immer großartigen Suchmaschine, die Ihnen Ergebnisse in großer Zahl und in geradezu unvorstellbarer Geschwindigkeit liefern kann. Daneben finden sich noch andere Werkzeuge, etwa zum Suchen von Bildern, von alten Beiträgen in den so genannten Newsgroups, zum Blockieren störender Werbefelder und anderes mehr.

Ein Nachteil der Toolbar: Wenn Sie sie voll ausnützen wollen, müssen Sie akzeptieren, dass Ihr Surfverhalten im Internet registriert und als Unterlage für Werbung genützt werden kann.

Wen nicht stört, dass er z. B. Angebote von Online-Casinos („Riesengewinne für Sie!"), Online-Pharmahändlern („Wollen Sie verbilligt Viagra kaufen?") oder Online-Brookern („Wir haben Inseln aller Größen und in jeder Preislage!") auf den Schirm oder als E-Mail erhält, kann das ohne weiteres zulassen. Solche Werbung – ohnedies meist nur für die USA bestimmt – lässt sich durch viele kleine Gratisprogramme wieder leicht abstellen.

Atlanten

Ein weiteres Programm, das ich Ihnen empfehlen möchte, ist der Weltatlas von Microsofts Encarta. Nach der Installation stehen Ihnen moderne Karten der ganzen Welt zur Verfügung. Auf diesen können Sie selbst nach kleinen Dörfern suchen und das Ergebnis mit alten Landkarten vergleichen, die Sie aus anderen Quellen zur Verfügung haben.

Seit 2002 ist der Atlas in die umfassende Enzyklopädie integriert. Neueste Ausgaben kosten etwa 120 Euro, gerade noch aktuelle, aber dennoch gleich brauchbare sind um etwa 30 Euro billiger. Außerdem lassen sich in den diversen Online-Shops, die mit Software handeln, immer wieder Schnäppchen auftreiben, die das Budget viel weniger belasten.

Vorsicht, Dialer! Großer Schaden kann Ihnen beim Surfen im Internet auch entstehen, wenn Sie aus Versehen einen so genannten „Dialer" herunterladen. Meist stehen sie mit der Nummer 0190 in Verbindung. Ein Dialer ist ein kleines Programm, mit dem Sie als Anwender Ihre Verbindung ins Internet aufbauen können und – wenn einmal installiert – kostenpflichtige Dienste problemlos und ohne Nennung Ihrer Kreditkartendaten bezahlen können. Grundsätzlich eine recht vernünftige Sache. Doch neben vielen seriösen Anbietern gibt es immer wieder „schwarze Schafe". Dann erhöht sich Ihre nächste Telefonrechnung sprunghaft.

Für gewöhnlich werden solche Dialer von kommerziellen Sites (speziell solchen mit pornografischem Inhalt) verwendet, doch es soll bereits auch einige geben, die die Nutzung in ihren genealogischen Datenbanken so verrechnen.

Meist lautet die Anweisung zur Installierung eines Dialers, also des Einwählprogramms, ganz harmlos und für den ungeübten User absolut nicht erkennbar, etwa: „Laden Sie das kostenfreie Programm hier herunter". Die meisten Menschen übersehen, dass eine neue DFÜ-Verbindung (= Datenfernübertragung) aufgebaut wird, bei der jede Minute ein Vielfaches der normalen Telefongebühren kostet.

Einen gewissen Schutz bietet eine so genannte Dialerschutz-Software, die nicht nur vor Einrichtung einer neuen DFÜ-Verbindung warnt, sondern dieses auch grundsätzlich unterbricht. Eine solche Software können Sie sich völlig gratis bei www.dialercontrol.de herunterladen. Dann haben Sie zumindest an Ihrer elektronischen Haustür ein Schloss mehr.

Der richtige Provider

Auch durchaus seriöse Stellen – etwa ein Provider, der sich um Ihre Internetverbindung kümmert – können Ihnen die Freude am reichlichen Stöbern im WWW arg vergällen. Dann nämlich, wenn monatlich relativ hohe Telefonkosten anfallen. Da müssen Sie ständig auf die Uhr schauen, wie lange Sie im Netz sind und ob Sie sich das noch leisten können oder wollen. Besser ist es dann, den Provider zu wechseln und sich nach einer so genannten Flatrate (Pauschalgebühren) umzusehen.
Wenn Sie in einer Großstadt oder zumindest in deren Nähe leben, haben Sie es in dieser Richtung leichter. Am Land jedoch fehlt es derzeit noch immer häufig an den technischen Voraussetzungen. Da steht dann bloß die normale Telefonleitung mit den ganz normalen Gebühren zur Verfügung. Dennoch: Sie sollten sich unbedingt in dieser Richtung von einem neutralen Fachmann beraten lassen, welche Möglichkeiten für Ihren Internetstandort zur Verfügung stehen und welche von ihnen die günstigste ist.

www.auskunft.de

Kein Programm, vielmehr eine ganz spezielle Internetseite sollten Sie sich gleich zu Beginn auf Ihren Computer holen und sie nicht nur als Bookmark (Lesezeichen) festhalten, sondern am besten gleich mit einem Icon (Grafiksymbol) auf Ihrem Desktop, also der Benutzeroberfläche versehen. Die so wichtige Adresse lautet: www.auskunft.at. Unter dieser Adresse finden Sie eine Unzahl wichtiger Informationen. Nicht nur, was Ihre Familienforschung betrifft. So stehen Ihnen hier nahezu alle Telefonnummern der Welt zur Verfügung. Sie können also ohne weiteres nach Ihrem Namen in einem beliebigen Land suchen lassen.
Mit Ihrem nun internet-tauglichen Computer können Sie sich wohlgemut ins Netz stürzen. Damit gehören Sie zu einer von Tag zu Tag wachsenden „Gemeinde“. In Österreich haben etwa 61 Prozent aller Einwohner über 14 Jahren Zugang zum

Internet. Die meisten Internet-Nutzer finden sich in den nordischen Ländern. Hier sind es bereits 86 Prozent. In den großen Industriestaaten Europas ist die Internet-Verbreitung weitaus geringer. In Deutschland etwa 53 Prozent, Großbritannien etwa 41 Prozent, Frankreich 39 Prozent, Italien 33 Prozent und Spanien 27 Prozent.
Interessant für Ahnenforscher ist hier vor allem die Entwicklung in einigen osteuropäischen Staaten. So nutzen bereits 50 Prozent der Bevölkerung der Slowakei zwischen 15 und 75 Jahren das Internet. Starke Zuwächse verzeichnen auch Tschechien und Estland.

Die Geschichte des WWW

Ohne Zweifel ist das Internet das jüngste Massenmedium. Es ist der Zusammenschluss unzähliger kleiner Netze zu immer größer werdenden. Seine Wurzeln reichen im engeren Sinn bis ins Jahr 1957 zurück, in die Zeit des „Kalten Krieges".
Wenn Sie mehr über die Geschichte des Internets, über sein Entstehen, die Bedeutung und Funktion des „neuen" Netzes wissen wollen, finden Sie diese Informationen unter der Adresse http://come.to/internetkurs. Hier gibt Norbert Böing eine umfassende Darstellung der Entwicklung, allerdings ohne Berücksichtigung der Ahnenforschung.
Diese hingegen erhalten Sie im WEB-Kurs von Harm Rieper. Die Adresse: http://home.sampo.de/rieper/webkurs.htm. Hier werden nicht nur alle wichtigen Suchmaschinen und deren Benützung genauer erklärt, es gibt auch regionale Informationen, genealogische Datenbanken, Newsgroups, Mailinglisten sowie Telefon- und Adressbücher. Alle wichtigen Bereiche sind über Links (= weiterführende Adressen im Internet; meist unterstrichen und anklickbar) gleich direkt zu erreichen.

Und immer wieder Ordnung halten!

Schon jetzt müssen Sie beginnen, bei Ihrer Internetsuche Ordnung zu halten. Wie sollen Sie sonst all die Seiten wieder

finden, die Sie bei Ihren Forschungen besucht haben. Legen Sie also gleich jetzt bei Ihren Bookmarks (bei anderen Browsern kann das auch „Lesezeichen" heißen) einen neuen Ordner an (beim Internet-Explorer „Zu Favoriten hinzufügen" anklicken). Nennen Sie ihn – nahe liegend – einfach „Ahnen". Besser ist es noch, wenn Sie einige Unterverzeichnisse einrichten. Wenn nämlich die „Wurst" der Adressen immer länger wird, dann wächst auch Ihre Mühe, die gesuchte endlich zu finden. Zum Anlegen eines Unterverzeichnisses müssen Sie nur das Hauptverzeichnis aktivieren (die Schrift erscheint dann blau unterlegt) und dann im Menü „Neuer Ordner" anklicken. Schreiben Sie den von Ihnen gewählten neuen Namen in das Feld. Für die beiden letzten erwähnten Adressen könnte er etwa „Internet" lauten.
Weitere Unterverzeichnisse, die Sie vielleicht anlegen möchten, könnten dann etwa „Österreich", „Deuschland" oder aber auch „Ungarn", „Tschechien" etc. heißen, je nachdem, wo Sie bevorzugt suchen. Vergessen Sie aber beim „bookmarken" nicht, den jeweiligen Unterordner zu aktivieren. Andernfalls landet die Adresse irgendwo anders, wo Sie sie nur sehr schwer wieder finden.

Wie anfangen?

Doch noch einmal zur Praxis, damit Ihre Suche möglichst rasch zu Erfolgen führt:
Sie können natürlich ganz einfach beginnen, indem Sie in Ihre Suchmaschine – also etwa in das Feld der Google-Toolbar – Ihren Namen eingeben. Schauen Sie im Internet nach, wo dieser Name noch auftaucht. Wahrscheinlich werden Sie auch bei einem selteneren Namen einige Hunderttausend Fundstellen erhalten. Noch schwieriger und von noch weniger Erfolg gekrönt ist das allerdings, wenn viele andere Menschen auf der Welt genauso heißen wie Sie – also etwa Müller, Meier, Huber oder Schmied.

So gesehen ist die alleinige Eingabe Ihres Familiennamens absolut nicht zielführend. Das bedeutet, dass Sie noch einige Ergänzungen hinzufügen müssen und damit das Suchgebiet einschränken.

Die Suche immer eingrenzen

Wenn Sie also wissen, dass Ihre Vorfahren eine oder zwei Generationen zurück etwa im Waldviertel gelebt haben, wenn Sie sogar Ortsnamen wissen oder andere Details, so müssen Sie diese bei Ihrer Internetrecherche unbedingt berücksichtigen. Erst wenn Sie hier auf Quellen stoßen, die erwiesenermaßen mit Ihrer Familie etwas zu tun haben, können Sie in dieser Richtung weiterarbeiten.

Bei einem selteneren oder gar seltenen Namen werden Sie schon mit dieser simplen Methode einige erste Hinweise erhalten. Dann können Sie mit diesen Leuten (wie schon beschrieben) einen ersten vorsichtigen Kontakt aufnehmen. So etwa nach dem Motto: „Sind wir vielleicht gar verwandt?“ Wenn Sie so vorgehen, können Sie durchaus Erfolg haben, doch Sie können auch auf dem dünnen Eis einbrechen, auf dem Sie sich bewegen. Eine Allgemeinsuche ist immer etwas Diffiziles, Riskantes und bringt nur selten sehr großen Erfolg. Da ähnelt sie sehr der schon früher beschriebenen Telefonbuch-Methode. Viel besser ist es, wenn Sie von bekannten Daten über das Internet weitergehen.

Wissen Sie etwa, dass einer Ihrer Vorfahren in einer bestimmten Gemeinde gelebt hat, dann können Sie – Archive und andere für gewöhnlich genutzte Quellen vorerst auslassend – das Gemeindeamt sowie den oder die örtlichen kirchlichen Würdenträger anschreiben und sie um Hilfe bei Ihren Nachforschungen ersuchen. Oft genügen dazu einige Briefe oder E-Mails.

Ein Beispiel für diese durchaus praktikable Methode habe ich selbst bei einer Recherche um die Familie meiner Frau erlebt.

Immer wieder hatte ich im Zusammenhang mit alten Familiengeschichten den Namen „Lichtblau" gehört. Niemand wusste mehr so genau, warum dieser Name so oft fiel. Später stellte sich heraus, dass Herr Lichtblau ein Freund der Familie war. Und zwar im nordmährischen Bärn, dem heutigen Moravský Beroun/Tschechien. Gab es eine Spur zu ihm? Ich versuchte ihn zu finden.
Ins Suchfeld des Google gab ich „LICHTBLAU" und „BÄRN" ein. Bruchteile von Sekunden später hatte ich das Ergebnis. 35 Fundstellen. Auch eine E-Mail-Adresse gab es. Damit hatte ich einen Ansatzpunkt für das Weiterforschen über die Familie des Großvaters meiner Frau gefunden.
Das Internet kann Ihnen auch helfen, gleich die richtige Person für Ihre Suche anzuschreiben. Wenn Sie den Namen der Gemeinde eingeben, finden Sie sicher einige Seiten, auf denen Sie erfahren, wie derzeit der Bürgermeister oder der Pfarrer heißt.
Dann haben Sie im Brief die persönliche Anrede für Ihre Frage, die eine Antwort wesentlich beschleunigen kann.

Ungezählte Archive finden sich im Internet

Wenn Sie den normalen Weg der mühsamen, aber dafür sicheren Archivsuche vorziehen, kann ich Ihnen hier gleich noch eine wichtige Internetadresse zum Aufspüren der Archive in aller Welt geben. Dank gebührt hier dem deutschen Bundesland Nordrhein-Westfalen. Dort wurde eine ausgezeichnete Archivsammlung erstellt. Die Adresse lautet: www.archive.nrw.de.
Von der ein wenig verwirrenden Startseite – jener Seite, die als erste nach der Eingabe der Adresse auf Ihrem Schirm auftaucht – dürfen Sie sich nicht täuschen lassen. Wenn Sie in der linken Menüspalte „Adressverzeichnis" anklicken, so erhalten Sie weiterführende Adressen zu den Archiven Deutschlands, Österreichs, der Schweiz und eine gesammelte Adresse für Archive aus aller Welt.

Manche der Archive verfügen über eine eigene Homepage, die sofort aus der Archivliste abrufbar ist.
Obwohl diese Seite regelmäßig aktualisiert wird, gilt dennoch der bereits erwähnte Grundsatz: Adresse und Telefonnummer überprüfen ist besser als vielleicht unnötig zu warten oder sogar vergeblich hinzufahren.
Eine ganz wichtige Adresse im Internet ist – wie bereits ausführlich beschrieben – die Glaubensgemeinschaft der Mormonen, also der Kirche Jesu Christi der Heiligen der letzten Tage. Aus Glaubensgründen haben die Mormonen das größte Ahnenforschungsarchiv der Welt angelegt. Und das Schöne daran: Auch Nichtmitglieder der Glaubensgemeinschaften können es unbeschränkt nutzen.
Hier die Internetadresse für Österreich, Deutschland und der Schweiz: www.genealogienetz.de/faqs/LDS.html. Von dieser Adresse können Sie die einzelnen Landesorganisationen ansteuern (Forschungsstellenverzeichnis). Außerdem finden Sie neben der Hauptseite FamilySearch (www.familysearch.org) Erläuterungen zur Suche im Online-Film-Katalog, Erläuterungen der Suchergebnisse in den Datenbanken auch noch eine umfangreiche Liste der Genealogieforschungsstellen in Deutschland.

Infos aus dem Usenet

Bisher bewegten Sie sich im Internet innerhalb des WWW, des World Wide Web, also des weltweiten Netzes. Aber das ist längst keineswegs das ganze Internet, sondern nur der bekannteste und wichtigste Teil. Ein anderer ist das so genannte Usenet. Hier finden sich die Newsgroups, also Leute, die untereinander auf einem bestimmten Gebiet Neuigkeiten, eigene Erfahrungen, Hinweise, Tipps und Tricks austauschen. Fast immer handelt es sich um kurze Texte, und oft sind auch Bitten für die Suche nach diesem oder jenem Namen integriert.
Newsgroups können Ihnen also bei Ihrer eigenen Ahnenfor-

schung sehr viel bringen. Da wird eine Frage gestellt, von vielen gelesen und vielleicht auch von einigen beantwortet. Eine umfangreiche Übersicht über genealogische Newsgroups finden Sie etwa unter den Adressen www.rootsweb.com/~jfuller/gen_use.html (englisch), http://ahnenforschungen.de/genlink/Informationsaustausch/Newsgroups/ (deutsch und englisch) oder http://.tipps.ahnenforschung.net/ng/ (international).
Wie Sie auf eine Newsgroup zugreifen können, erfahren Sie über die Hotline Ihres Internet-Providers, denn dazu sind meist einige kleine Einstellungen in Ihrem Internetbrowser nötig. Im Allgemeinen werden Beiträge in Newsgroups schon nach kurzer Zeit gelöscht. Das heißt, dass Sie nur die aktuellsten sehen, wenn Sie „Alle lesen" oder „Mark all read" in Ihrem Browser markiert haben.
Doch glücklicherweise gibt es für Nachrichten aus Newsgroups seit einiger Zeit ein tolles und sehr brauchbares Archiv. Die Suchmaschine Google hat es eingerichtet, und es ist sowohl über die Hauptseite als auch über die Toolbar abrufbar. Dann müssen Sie nur noch den Namen der gesuchten Newsgroup eingeben, und schon können Sie alte, längst aus dem normalen Bereich entfernte Beiträge nachlesen.
Ein wenig mehr Insiderwissen über Newsgroups kann nicht schaden. Sie finden es ganz leicht im Internet unter der Adresse www.www-kurs.de/newgroup.htm.
Wichtig für Sie als Ahnenforscher sind sicher noch die Mailinglisten. Das sind Verteillisten für E-Mails. Die E-Mail, die Sie an die Mailingliste schicken, wird an alle Personen weitergesandt, die diese Liste – fast immer kostenlos! – abonniert haben. Mailinglisten gibt es grundsätzlich für nahezu alles. Für Liebhaber von Gartenzwergen ebenso wie für fanatische Briefmarkensammler oder – das wird Sie interessieren – für eingefleischte Familienforscher. Wenn Sie nach solchen suchen, wenden Sie sich an die englische Adresse www.roots-

web.com/~jfuller/gen_mail.html oder an http://list.genealogy.net/mailman/listinfo. Hier finden Sie das Hauptverzeichnis zur Bestellung der diversen Mailinglisten, die den deutschsprachigen Raum Europa, aber auch vielfach die ehemals deutschen Gebiete abdecken.

Wenn Sie sich in Newsgroups und Mailinglisten bewegen, sollten Sie sich zuerst mit ihnen vertraut machen. Das heißt, Sie sollten beobachten, wie worüber was geschrieben wird. Und dann sollten Sie sich noch an die so genannte Netiquette halten. Das sind gleichsam die Verhaltensmaßregeln. Mehr darüber finden Sie unter den Adressen www.netplanet.org/netiquette/ oder www.usenetverwaltung.org/netiquette/

Kurz und prägnant ist wichtig

Das Wichtigste: Schreiben Sie nur kurz (denn andere müssen Ihren Text herunterladen und dafür bezahlen), schreiben Sie nie in Großbuchstaben ausgenommen etwa einen Familiennamen (Großbuchstaben gelten als „schreien“) und beleidigen Sie niemanden!

Sagen Sie also nie „Sie Hornochse, das ist doch ganz anders !“, sondern eher höflich und verbindlich „Ich meine, das ist ein Irrtum. Meiner Meinung nach ist das so und so …“

Gut und Böse liegen ganz dicht nebeneinander

Wenn Sie sich im Internet bewegen („surfen“), müssen Sie sich vorstellen, dass Sie in einer nahezu unvorstellbar großen, allerdings kaum geordneten Bibliothek unterwegs sind. Da liegen prächtigste schönste Werke unmittelbar neben absolutem Schund. Und wenn Sie nach etwas fassen, kann es auch sein, dass Sie angeekelt „schmutzige Hände“ bekommen.

Die Bibliothek des Schönen ist auch gleichzeitig eine Bibliothek des Schlechten, des Bösen, der Durchtriebenheit und windiger „Geschäftstüchtigkeit“, die vielfach in glattem Betrug oder zumindest Ihrer Übervorteilung gipfelt. „Abstauben“, „Cashen“ und „Abkassieren“ wie es in Österreich genannt

wird, oder „Abzocken“, wie die derzeit gängige Bezeichnung dafür in Deutschland lautet, ist an der Tagesordnung. In allen Bereichen, auch dem der Ahnen- und Familienforschung.
Überall heißt es BUY – Kauf!, JOIN – Tritt bei! und vor allem PAY – Zahl! Auch 14 DAYS FREE TRIAL – 14 Tage Gratis-Probe sind in letzter Zeit beliebte Köder geworden. Dass man allerdings zuerst seine Kreditkartennummer übermitteln muss, ehe man die Gratis-Probezeit in Anspruch nehmen kann, erfährt man erst im Zuge der Anmeldung. Und dass es dann immerhin einige Mühe kostet (und unter Umständen sogar Probleme bringt), um von diesem Haken wieder loszukommen), ist eine zweite Sache. Mancher Surfer musste das Ausprobieren aus Unerfahrenheit teuer bezahlen.
Selbst scheinbar durchaus seriöse Sites sind – wie die Abzockerei heute so beschönigend heißt – durchaus gewinnorientiert. Wenn Sie dabei im Nu pro Jahr 100 US-Dollar loswerden, ist das keine Seltenheit.

Nicht vorschnell Ja sagen!

Ich sage Ihnen das alles als gut gemeinte Warnung, wenn Sie sich auf der Suche nach Ihren Vorvätern im Netz bewegen, und zwangsläufig auf derartige Adressen stoßen. Überlegen Sie sich bitte alles zwei- oder gar dreimal, ehe Sie im Internet einen Ja-Knopf anklicken.
Die Ahnenforschung ist im Allgemeinen, aber in letzter Zeit auch im Besonderen, durch das Internet zu einer Plattform für Betrüger geworden. Ich möchte Ihnen dafür einige charakteristische Beispiele geben, damit Sie auf der Hut sind. Die ersten beiden Fälle haben freilich nicht direkt mit dem Internet zu tun, obwohl die Artikel auch auf diesem Weg vertrieben wurden. Erinnern Sie sich noch daran, dass Ihnen vielleicht um die Mitte der 90er Jahre per Post Briefe ins Haus flatterten, in denen für ein „Familienbuch“ geworben wurde – der Name wechselte mehrmals, doch die Masche blieb dieselbe. Ebenso

der Preis, damals umgerechnet knapp 50 Euro. Familienforschung wurde versprochen, doch tatsächlich steckten im allgemeinen „Mantel“, den jeder Besteller erhielt, neben allgemein gehaltenen einfachen Informationen über Genealogie und Heraldik bloß Ausdrucke von Adressen und Telefonnummern von Menschen aus aller Welt mit dem gleichen Namen. Kein Wunder, dass sich bald nicht nur Konsumentenschützer, sondern auch Gerichte mit dieser Art von Geschäftemacherei befassten.

Mit einer ähnlichen Masche rief in Deutschland der tatsächlich in den Niederlanden (und den niederländischen Antillen) beheimatete Steinadler Verlag Konsumentenschützer, Polizei, das Fernsehen und Geschädigte auf den Plan. Letztere machten in Newsgroups ihrem berechtigten Zorn Luft. Da fielen Worte wie Nepp, ja sogar Betrug. Mit gutem Grund. Denn hier wurden für Beträge zwischen 50 und 80 Euro einige wenige Seiten mit wertlosem genealogischem Inhalt gedruckt. Ahnenforscher in aller Welt wurden erst in den beiden letzen Jahren von einem blutjungen US-Staatsbürger aufs Kreuz gelegt. Auf seinen Genealogieseiten, die er gleich en masse im Internet einrichtete, bot er CDs an, die sich über das Internet aktualisieren lassen sollten. An sich eine völlige Unmöglichkeit, einfach Humbug. Dennoch machte der junge Mann Riesengeschäfte. Es gab eben immer noch genügend Leichtgläubige. Kaum war er von der Polizei geschnappt und verhört worden, standen seine Seiten bereits wieder im Netz.

Wie man mit Genealogie im Internet zu betrügen versucht, erlebte ich selbst erst vor kurzem: Ich – oder besser – meine E-Mail-Adresse wurde ein Spam-Opfer! Spam ist die Bezeichnung für Massenpost mit meist unsinnigem Inhalt, aber häufig dahinter stehenden bösen Gedanken und Machenschaften.

Da schickte mir ein Barrister (Anwaltsgehilfe) Bello Louman aus Lome, der Hauptstadt des afrikanischen Staates Togo, wie-

derholt eine E-Mail. Er sprach mich als nächsten Verwandten seines Klienten, des Ing. Greg C. Ivo an – ich wusste nie, dass ich so einen Verwandten hatte – und teilte mir mit, dass ich 15 Millionen US-Dollar geerbt hätte. Der Onkel – aha, woher denn? – sei vor einigen Jahren beim Absturz eines Flugzeuges ums Leben gekommen. Bei Vorlage entsprechender Dokumente und meiner Bereitwilligkeit, auf einen geringen Teil des Erbes als Honorar für die Kanzlei und ihn zu verzichten, könnte das Geld bald auf mein Konto – das müsse ich natürlich nennen – überwiesen werden. Ich solle mich mit ihm in Verbindung setzen.
Glücklicherweise wusste ich rasch, dass man mich mit einer Variante des seit Jahren bekannten „Nigeria 419"-Spam beglückt hatte. Allerdings völlig vergeblich.

Niemals heikle Daten weitergeben

Aber wenn ich mich in die Rolle eines ahnungslosen Ahnenforschers versetze, der mit dem Internet nicht vertraut ist und nicht sofort den Braten riecht, dann schwant mir Böses. Zu leicht liefert da ein Unbedarfter höchst sensible Daten, die nicht selten für Missbrauch und kriminelle Aktionen verwendet werden.
Ja, auch so böse kann das sonst recht hilfreiche Internet sein. Oder vielmehr die Menschen, die sich seiner bedienen!

Adressen, Adressen und noch einmal Adressen

Verzeichnisse über Adressen im Internet, die das Thema Familienforschung betreffen, gibt es viele; gute, seriöse ebenso wie schlampig oder unzulänglich geführte. Aber alle haben mehr oder minder einen gewaltigen Haken. Es mangelt an der Aktualisierung. Und so kommt es häufig vor, dass der wissbegierige Ahnenforscher eine solche Adresse eingibt und eine Enttäuschung nach der anderen erleben muss. Denn dann kommen die berühmten ärgerlichen Meldungen auf den Schirm wie etwa „Diese Seite wurde nicht gefunden“, der noch bekanntere „404 Fehler“ oder „404 error“.

Mit ein wenig Glück kann man die Seite über die geradezu geniale Einrichtung des Google „Im cache“ aufrufen, weiterführende Links funktionieren aber meist nicht mehr.
Das moderne Internet ist eben ein Medium, das einer dauernden Änderung unterworfen ist. Adressen verschwinden ebenso rasch wie neue entstehen. Täglich, ja stündlich.

„Bookmarken“ Sie richtig

Deshalb ist es für eine effiziente Suche äußerst wichtig, aktuelle Adressen bei der Hand zu haben. Das verkürzt die Suche und verringert – wenn man nicht im glücklichen Besitz eines pauschalierten Internetzuganges ist – die Kosten erheblich.
Daher mein Rat: Geben Sie möglichst oft neue Seiten in Ihr Bookmark-Verzeichnis ein. Lassen Sie es aber nicht unbedingt beim vorgeschlagenen Titel der gefundenen Seite. Geben Sie

vielmehr ein persönlich formuliertes Stichwort ein, mit dem Sie später mehr anfangen können. Fügen Sie ohne weiteres Ihren persönlichen Kommentar dazu, etwa: „Ungarische Namen".

Wenn Sie diese Seite wieder finden möchten, fällt das nach einigen Wochen oder gar Monaten viel leichter. Stichwörter, die Sie persönlich gewählt haben, merken Sie sich erfahrungsgemäß besser.

Sie können sich aber auch eines äußerst praktischen kleinen Hilfsprogramms bedienen. Dieses heißt BOOKMARK WIZARD, stammt von der Softwarefirma Moonsoftware, und Sie können es völlig kostenlos (weil Freeware) von der Seite www.moonsoftware.com herunterladen. Das Programm erstellt Ihnen – wenn die Grundeinstellungen eingegeben wurden – aus Ihren Bookmarks eine HTML-Seite, auf der Sie mit der gewohnten Windows-Suchfunktion (Ctrl F oder Strg F) nach allen gewünschten Wörtern und Begriffen suchen können.

Besonders angenehm ist es, dass Ihnen das Programm auf Wunsch bei jedem Neustart alle in der Zwischenzeit abgespeicherten Bookmarks aktualisiert. So wird Ihre HTML-Bookmark-Seite zwar immer größer, dafür sind die Favoriten übersichtlich – alphabetisch geordnet – gelistet.

Im Übrigen sollten Sie dann und wann Ihre Favoriten kontrollieren. Oft speichert man im Überschwang, etwas gefunden zu haben, eine Seite ab, die sich später bei näherem Hinsehen doch für den persönlichen Bedarf als wenig zielführend oder sogar unbrauchbar entpuppt. Löschen Sie solche unnötigen Seiten über die Bookmark-Verwaltung. (Beim Internet-Explorer heißt es FAVORITEN.)

Ich will nun nicht den Fehler begehen und Ihnen eine Fülle von Internet-Adressen liefern, von denen Sie vielleicht nur die eine oder andere für Ihre Suche brauchen können. Schließlich

gehen Sie ja auch nicht zum Buchhändler und kaufen sich dort mehrere Wörterbücher, bloß weil Sie ein einziges Wort nachschlagen wollen.
Hier sollen Sie vielmehr – wie schon bei den bisherigen Adressen – bloß jene Sites genannt bekommen, die Ihnen wirklich weiterhelfen können. Vor allem aber jene, über die Sie Ihre Forschungen kostengünstig oder sogar möglichst gratis betreiben können. Glücklicherweise gibt es das noch immer im ständig stärker auf Gewinn erpichten Netz.

Eine kleine Auswahl aus der langen Liste

Die bekannte amerikanische Genealogin Kimberly Powell hat einmal eine Site erstellt und auf ihr 101 Stellen genannt, die (mit Einschränkungen!) eine Gratissuche im WWW ermöglichen. Zwar steht diese Zusammenstellung sehr unter einem amerikanischen Gesichtspunkt und ich möchte mich auch keineswegs für die Nützlichkeit der gesamten Liste verbürgen, doch eine Vielzahl der von ihr genannten Links ist durchaus allgemein und auch für Europäer brauchbar. Die englische Originaladresse lautet: http://genealogy.about.com/cs/free_genealogy/a/free_sites.htm.
Wer diese Site aufruft und genügend Englisch beherrscht, findet nicht nur eine hochinteressante Zusammenstellung mehr oder minder freier Genealogie-Webseiten, sondern kann jede von ihnen durch ein Anklicken des Links aufrufen und ansehen. Außerdem gibt es hier immer wieder höchst interessante Artikel von Fachleuten zu diversen Themen der Ahnen- und Familienforschung.

Happy Surfing!

Gleich an erster Stelle nennt Kimberly Powell die Roots Surname List (RSL) erreichbar unter der Adresse www.rootsweb.com, eine Datenbank, in der mehr als eine Million Namen gespeichert sind. Diese Site ist für ahnensuchende Europäer nur bedingt interessant, ausgenommen man sucht nach Aus-

wanderern. Sie ist stark amerika-lastig, obwohl das Datenmaterial aus der ganzen Welt stammt. Aber sie bringt dennoch eine Menge Vorteile.
Von dieser Site aus können Sie viele Datenbanken und Organisationen vor allem im angloamerikanischen Raum ansteuern, ebenso eine von mehr als 28.000 Mailinglisten, die nach verschiedensten Kriterien (häufiger Vorname, Land, Spezialthemen usw.) geordnet sind.
Rootsweb verfügt auch über ein „Lookup Service" mit rund 1700 freiwilligen Mitarbeitern. Die schauen Ihnen in ihren genealogischen Büchern nach. Sie müssen dazu nur das Link (meist drei Versalien) am Ende jedes Buchtitels anklicken, dann kommen Sie auf eine weiterführende Seite. Stellen Sie aber immer nur ganz kurze Fragen mit einem Namen (maximal zwei, wenn verheiratet). Jeder freiwillige Mitarbeiter erhält bis zu 300 E-Mail-Anfragen am Tag. Achten Sie bitte darauf, dass Sie für die Beantwortung Ihrer Frage eine „gute", nicht vom Provider abgeschirmte E-Mail-Adresse angeben! Unzählige Anfragen können nicht beantwortet werden, weil sich irgendein Fehler in die Adresse eingeschlichen hat.
Lassen Sie den Mitarbeitern außerdem immer Zeit! Stellen Sie sich nur vor: täglich bis zu 300 Anfragen. Und das gratis und in der Freizeit.
Noch vieles mehr gibt es bei Rootsweb zu entdecken. Sie müssen nur die zahlreichen Links durchstöbern. Aber halten Sie sich – diese Empfehlung gebe ich Ihnen auch für alle weiteren genannten Websites – im Allgemeinen von den Inserenten fern. Dort kommen Sie ohne Jahresgebühren, die um die 100 US-Dollar betragen und die sich außerdem meist automatisch verlängern, kaum davon.
Zu den fleißigsten Inserenten im Ahnenforschungsbereich gehört die gleich am Beginn dieses Buches erwähnte Site von ancestry.com. Grundsätzlich eine sehr gute Site, die trotz ihrer

kommerziellen Einschlags ihre Meriten hat. Aber: Hier heißt es überall: BUY – Kaufe, PAY only – Zahlen Sie nur ... Alles wird kreuz und quer vermarktet.

Doch gehen wir weiter in Kimberly Powells Gratisliste.

Die nächste halbwegs interessante Adresse, die sich finden lässt, ist jene von Interment.net mit der Adresse www.interment.net. Die nächsten Links sind nahezu ausschließlich inneramerikanisch interessant. Hier können Sie auf fast 8000 Friedhöfen nach knapp 4 Millionen Gräbern suchen. Allerdings weitgehend im englischen Sprachraum. In Europa etwa sind in Deutschland derzeit nur einige wenige Friedhöfe in Bayern, Rheinland-Pfalz oder Mecklenburg-Vorpommern erfasst. Dennoch gibt es hier eine Menge interessanter Artikel zur Gräbersuche, die ja oft eine bestehende Lücke in der eigenen Familienforschung schließen kann.

Weitere Gratis-Hilfe finden Sie im WorldGenWeb, hier am besten direkt über den Gebietsindex mit der Adresse http://worldgenweb.org/countryindex.html. Neben den alphabetisch gereihten Länden finden Sie die anklickbaren Bereiche Österreich (Austria) etwa unter EastEuropeGenWeb. Auf einer neuen Seite gibt es im Wesentlichen alle Länder im Umfeld Österreichs, also jene Staaten, die Gebiete der alten Österreichisch-Ungarischen aufgesogen haben.

Das Anklicken der jeweiligen Landesflagge öffnet eine weitere Seite, das Anklicken einer weiteren Flagge neue Links, etwa zu den speziellen Mailinglisten und Newsgroups des Rootsweb oder zu weiterführenden Adressen.

Wer in Kanada suchen muss, kann www.archives.ca – das Archivia Net – anwählen oder die lokaler gehaltenen Bürgerdaten für British Columbia unter http://bcarchives.gov.bc.ca/index.html. Hier lassen sich unter Umständen Vorfahren finden, die vielleicht vor Jahren ausgewandert sind.

Vorsicht bei „Free Trial"

Die 14-tägige „Free Trial"-Mitgliedschaft, die der Branchenleader im ganzen Genealogie-Geschäft Ancestry anbietet – erreichbar über www.ancestry.com – ist allerdings nur nach Nennung der Kreditkartendaten erhältlich. Dann wird eine Gebühr fällig, die außerhalb der USA fast 190 US-Dollar betragen kann, wenn die Mitgliedschaft nicht vor Ablauf der Testperiode gekündigt wird. In der Testzeit lassen sich allerdings viele interessante Daten aus den Datenbanken holen. Dennoch: Ein gewisses Risiko – kommt meine Kündigung rechtzeitig durch? – ist vorhanden.
Die eben ausgesproche Warnung gilt auch für das rootsweb mit der Adresse www.rootsweb.com. Diese ehemals komplett gratis zu benützende Site wurde mittlerweile von ancestry geschluckt.
Kostenlose Informationen aus aller Welt erhält man über den International Genealogical Index. Die Adresse lautet www.familiysearch.org und ist die englischsprachige Hauptseite der Mormonen, über deren Qualität ich Ihnen schon früher berichtet habe.
Hier finden Sie eine Unmenge an Unterlagen und Diensten sowie Hilfeleistung in Notfällen. Ebenso die Informationen, welche Filme oder Microfiches für Sie in Frage kommen. Die können Sie dann über die nächste Genealogie-Forschungsstelle bestellen und dort durchsuchen. Wo sich diese befinden, können Sie mit der internen Suchmaschine für jedes gewünschte Land feststellen. Dann erhalten Sie auch die aktuellen Adressen, Telefon- oder gar Faxnummern.
Da kann sich bei einem so großen Netz an Forschungsstellen ja im Lauf der Zeit manches ändern. Aktualität wird in jedem Fall groß geschrieben. Klicken Sie für die Suchmaschine das Link „Find a Family History Center" ganz links oben auf der Hauptseite der „Library" an.

Wenn die Ahnen über den „großen Teich" auswanderten

So ziehen sich die Empfehlungen Kimberly Powells weiter. Obwohl die genannten Sites primär für ahnensuchende Amerikaner, Kanadier und Australier interessant sind, finden Sie auf fast allen viele nützliche Informationen, die auch Ihnen bei einer Suche in Europa weiterhelfen können. Etwa auf der für Genealogen geradezu berühmt geworden Site von Ellis Island, jener Insel vor New York, an der zwischen 1882 und 1924 22 Millionen Emigranten vorwiegend aus Europa landeten und von der US-Einwanderungsbehörde überprüft wurden.

Hier kamen also viele Einwanderer durch, doch längst nicht alle. Zahlreiche andere Häfen wurden von den Schiffen aus Europa angelaufen. Aber es ist nicht schlecht, wenn Sie bei einer Suche zuerst an Ellis Island denken. Die Site können Sie unter der Adresse www.ellisislandrecords.org aufrufen. (Achtung: Sie ist stark überlaufen, denn sie wird ständig mit Anfragen bombardiert. Am besten erreichen Sie sie in der Zeit von 22 Uhr nachts bis 2 Uhr früh. Da haben Sie die besten Chancen durchzukommen!)

Grundsätzlich müssen Sie sich bei einem Besuch von Ellis Island kostenlos anmelden. Wer darüber hinaus 45 US-Dollar oder mehr spendet, erhält Passwörter für andere, schnellere Zugänge zu den umfangreichen Datenbanken und noch weitere Bonifikationen.

Selbst beim völlig kostenlosen Surfen gibt es bei Ellis Island viele Vorteile. Etwa: Durch die Eingabe des Familiennamens lässt sich eine Liste ausdrucken (oder auf dem Computer in einzelnen Dateien abspeichern), die verrät, aus welchen Gebieten Menschen mit diesem Namen (es müssen aber keineswegs Verwandte sein, die Sie suchen!) über den Teich gekommen sind. In vielen Bereichen gleicht das der Namensuche des berühmten deutschen Namensforschers Professor Udolph. Die Liste sagt Ihnen, wo Sie bevorzugt

suchen sollen, vor allem, wenn Ihnen vielleicht noch Anschlussdaten zu schon bekannten Vorfahren fehlen.
Aus den Listen können Sie nicht nur auf die Passagier (Auswanderer)-Register mit allen Daten der jeweiligen Person zugreifen (etwa das Alter zum Zeitpunkt der Einreise, letzter Wohnort, Reiseziel zu einer Person in den USA und vieles andere mehr), Sie können sich (meist) auch ein kleines Fotos des Schiffes, das für die Überfahrt benutzt wurde, holen und (für den privaten Gebrauch; Copyright!) abspeichern. Größere gibt es dann auf Bestellung günstig zu erwerben.
Eine großartige kostenlose Datenbank für all jene, die in England und Wales suchen müssen, findet sich bei Free BMD (das bedeutet Geburten, Hochzeiten und Todesfälle). Freiwillige haben sie in jahrelanger Arbeit zusammengestellt. Die Suchmaske ist natürlich englisch und ein wenig gewöhnungsbedürftig, doch die Resultate aus den über 66 Millionen Daten (Zeitraum 1837 bis 1938; teilweise erfasst!) sind frappierend. Selbst ein Europäer kann erfolgreich nach englischen Verwandten Ausschau halten. Die Adresse: http://freebmd.rootsweb.com. Außerdem gibt es hier Links zu den englischen Volkszählungen sowie Kirchenregistern.
Wenn Sie Hilfe bei Ihrer Ahnenforschung benötigen, empfehle ich Ihnen, dass Sie sich an Kimberly Powells Link Nr. 34 bei www.helplist.org wenden (für die Suche in vielen Staaten Europas) oder den Tipp Nr. 35 mit der Adresse www.ancestralfindings.com anklicken. Hier sieht man mehr oder minder gratis (oder gegen eine kleine Spende) sogar auf Ahnenforschungs-CDs nach, die Sie sonst – was ich persönlich für meist hinausgeworfenes Geld halte – teuer erstehen müssten. Allerdings nur, wenn Sie in den USA nach jemand Verstorbenen suchen ...

Auch Frankreich spielt großartig mit

Aus der ursprünglich kleinen französischen Site Geneanet ist mittlerweile eine ziemlich tatkräftige und mächtige Orga-

nisation geworden. Sie verfügt über mehr als 90 Millionen Einträge. Start ist die Adresse www.geneanet.org. Am Startschirm können Sie eine der acht Sprachen auswählen, darunter natürlich auch Deutsch. Alle Seiten sind graphisch sehr schön unterstützt.
Es macht wirklich Spaß, sich auf diesen Seiten suchend zu bewegen und auf die vielen hochinteressanten Links zu springen, etwa auf die Site der österreichischen Ortsdatenbank oder jene von Gedcom 2 Map. Das ist ein gar nicht so teures Computerprogramm, mit dem sich genealogische Daten auf Karten übersichtlich darstellen lassen.
Bei eigenen Suchen lande ich immer wieder hier, denn die Site ist nicht nur sehr interessant, sondern auch brandaktuell.
Außerdem kann man sich über E-Mail gratis informieren, wenn die Antwort auf eine von Ihnen gestellte Frage nicht gleich gegeben werden kann, sondern erst später eintrifft. Im kommerziellen Bereich kann jeder Interessierte gegen eine Jahreszahlung von 40 Euro Mitglied im „Club Privileg“ werden und eine Vielzahl von nun gratis gewordenen Dienstleistungen genießen.
Doch weiter in der Sammlung der mehr oder minder freien Sites. Passagierlisten vieler Emigrantenschiffe lassen über die Immigrant Ships Transcribers Guild aufspüren, erreichbar über die Adresse www.immigrantships.net. Vor allem der Link „Compass“ kann bei einer Suche weiterhelfen.

Nach gefallenen Soldaten suchen

Die Gräber von mehr als zwei Millionen deutscher Soldaten des Ersten und Zweiten Weltkrieges lassen sich nach der Eingabe der Adresse www.volksbund.de/graebersuche/ aufspüren.
Bei jüdischen Wurzeln kann Ihnen die Site www.jewishgen.org weiterhelfen. Allerdings müssen Sie sich vor der Benützung der Datenbanken registrieren lassen. Außerdem muss Ihr Computer für die Aufnahme von „Cookies“ bereit sein.

Vorsicht: Cookies!

Die „Kekse" sind grundsätzlich nicht schädlich und kein direktes Sicherheitsrisiko wie etwa Viren oder Trojaner, hinterlassen aber in Ihrem Computer „virtuelle Brösel", Krümel, die Sie für den Cookie-Setzer zu einem gläsernen Menschen machen. So kann er etwa Ihre Internet-Suchgewohnheiten ausspionieren. Deshalb rate ich Ihnen, auch „Cookies" von Zeit zu Zeit zu löschen oder Ihre Annahme durch die entsprechenden Browsereinstellungen (ein Fachmann oder die Hotlinie Ihres Providers sagen Ihnen dazu mehr) zu verweigern. Zur Not müssen Sie sich auf cookie-setzenden Sites immer wieder neu anmelden.

Link Nr. 53 lasse ich hier ganz bewusst aus. Sie werden beim Weiterlesen merken, weshalb. Es ist nämlich ein Link, das weit mehr als nur eine bloße kurze Erwähnung wert ist. Ebenso wie das letzte Link der langen Liste – Nr. 101 –, über das Sie äußerst wertvolle Tipps für Ihre Suche im Internet erhalten.

Eine recht clever gemachte und auch sehr nützliche genealogische Site verbirgt sich hinter dem merkwürdigen Namen www.mycinnamontoast.com. Von hier aus lassen sich viele Webseiten ganz konkret nach einem genau bestimmten Kriterium durchsuchen. Das kann schöne Erfolge bringen. Österreich ist in der Liste der angebotenen Suchgebiete derzeit nur mit 17 Links vertreten (unter Regions/all Countries anklicken), für Deutschland hingegen lieferte die Site 179 Fundstellen, meist private Familien-Websites.

Links zu USA-Immigrantenlisten

Hinter dem für einen Stammbaum recht symbolischen, aber auch allegorischen Namen „Olive Tree", also Olivenbaum, verbergen sich mit der Adresse www.olivetree.com mehr als 1500 Datenbanken, die sich vor allem um den Schiffsverkehr und die Immigration von Europa in die USA kümmern, ebenso um spezielle religiöse Randgruppen. Allerdings leiten Sie viele

weiterführende Links nach ersten spärlichen Informationen zu kostenpflichtigen kommerziellen Sites.
Bis zu zehn Jahre zurück können Sie in den Archiven von RootsWeb – http://archiver.rootsweb.com – Mails zu bestimmten Namen oder in ausgewählten Regionen zurückverfolgen. Es sind Seiten zum Stöbern. Ich hoffe, dass Sie eine gute und günstige Flatrate – einen Spezialtarif für Ihre Internet-Verbindung – haben, denn diese Suche kann viel Zeit in Anspruch nehmen.
Ähnlich zur bekannten Ellis-Island-Site finden Sie Schiffe, die besetzt mit Einwanderern den texanischen Hafen von Galveston angelaufen haben, auf der Site mit der Adresse www.tsm-elissa.org. Hier lassen sich für die Jahre 1846 bis 1948 (mit kleinen Lücken zwischen 1871 und 1894) Daten zu mehr als 130.000 Personen abrufen. Zur Benützung der Datenbank müssen Sie sich gratis anmelden, außerdem darf Ihr Computer die Annahme von „Cookies" nicht verweigern.
Freiwillige, die mit dem französischen FranceGenWeb zusammenarbeiten und gratis kurze Genealogie-Ansuchen in derzeit 34 Sprachen übersetzen, finden Sie auf der französischen Homepage des Ahnenforschungs-Netzes. Das Ausfüllen der kostenfreien Registrierung wird auch einem Sprachunkundigen nicht schwer fallen. Nach Auswahl der Sprache erhält man eine Liste von Übersetzern. Mit Geduld müssen Sie sich freilich wappnen: Es kann sein, dass Sie für Ihre Übersetzung bis zu einem halben Jahr warten müssen. Der gesamte Schriftverkehr erfolg über E-Mail.

Vornamen Bei der Adresse www.gencircles.com können Sie nach Ihrer Registrierung und der Übermittlung Ihrer eigenen GEDCOM-Dateien Verzeichnisse mit über 32 Millionen Vornamen durchsuchen und unter Umständen die Fundstellen abstimmen. Wie alles funktioniert, wird Ihnen auf der Site genau erklärt.

Wenngleich mit starkem amerikanischem Touch, aber dennoch sehr vielen und äußerst brauchbaren – allerdings keineswegs immer kostenfreien – Links, die auch Europäern nützlich sind, bietet die Site www.avotaynu.com gratis Hilfe bei der Suche nach jüdischen Vorfahren.

Personaldaten von Engländern

Unter der Adresse www.ancestorsupersearch.com finden Sie gratis die Personaldaten (Geburt, Heirat, Tod und Volkszählungserhebung) von mehr als 1,4 Millionen Engländern. Diese Daten können kostenlos aus mehreren über das Internet verstreuten Datenbanken abgerufen werden. Die Bedienung der Suchmaske ist ein wenig gewöhnungsbedürftig, und für manche Suche müssen Sie nicht nur das Suchgebiet – eine spezielle Grafschaft wählen –, sondern auch den Suchzeitraum in Abständen von 40 Jahren. Dennoch können Sie hier einige interessante Daten entdecken.
Aber sehen Sie sich nun Kimberly Powells Tippliste doch selbst an, stöbern Sie in ihr, finden Sie neue Wege für die Suche nach Ihrer Familie, selbst wenn viele hier von ihr genannten Links Spezialbereiche betreffen, etwa diesen oder jenen US-Staat, manche europäische Staaten oder afro-amerikanische Wurzeln, um nur einige Beispiele zu nennen. Kimberlys Liste ist auf jeden Fall super und allein die Informationen, die Sie über sie bekommen können, sind die Besuche auf ihrer Seite sicher wert.

Welch ein Glück, dass es Cyndi und Co gibt

Gäbe es tatsächlich auf dem Gebiet der Familienforschung einen „Oskar“ oder gar einen Nobelpreis, der Akademie, die ihn zu vergeben hätte, würde die Wahl nicht allzu schwer fallen. International anerkannt und schon mehrfach für ihre Homepage ausgezeichnet, würde er zweifellos der amerikanischen Genealogin Cyndi Howells zugesprochen werden.

Mit ihrer Familie lebt Cyndi in Edgewood im Bundesstaat Washington. Dort begann sie 1996 mit einer Homepage, die den Namen „Cyndi´s List“ trug. Dabei half ihr Ehemann Mark, ein erfahrener Computersystem-Techniker. Längst befassten sich die beiden mit der Familienforschung, doch Cyndi‘s Spezialität wurde das Sammeln von Wegweisern, von Links. Über Suchmaschinen und freiwillige Meldungen trug sie aus aller Welt zusammen, was an interessanten Fachadressen zu finden war.

Mit Familie und Freunden zum Erfolg

Anfangs arbeitete sie täglich nur zwei Stunden an der Site. Seit August 1996 braucht sie pro Tag acht bis zwölf Stunden. Das Katalogisieren von Genealogie-Links wurde für die Familie – auch Cyndi‘s Schwester Michel und deren Mann halfen mit – und zahlreiche Freunde geradezu zu einer Manie. Heute ist diese ständig aktualisierte Link-Seite mit nahezu einer Viertelmillion Adressen die auf diesem Gebiet weitaus größte und umfangreichste Link-Sammlung der Welt.

Wer www.cyndislist.com in die Adresszeile seines Computers eingibt, taucht schlagartig in ein Märchenland der Genealogie ein. Einziger Wermutstropfen für alle, die nicht Englisch können: Deutsch ist die Seite leider nicht verfügbar. Eine kleine Hilfe gibt es für jene, die in die Google Suchmaschine „Cyndis list“ eingeben und die Seite automatisch übersetzen lassen. Da kommen zwar einige krause Begriffe vor, aber dennoch kann man sich auf diese Weise ein wenig helfen.

Mit Cyndi's Tipps surfen

Auf Cyndi's Seite zu stöbern ist kein Tages-, kein Wochen-, kein Monatsprogramm. Hier kann man verweilen und munter – dabei ständig lernend – von einer Site zur anderen springen. Wenn Sie nach dem Laden der Homepage das Link „categorized & cross-referenced links“ anklicken, erscheint eine neue Seite. Nun können Sie über Stichwörter die einzelnen Themen und Bereiche aufrufen. Gehen Sie etwa auf Österreich. Erst baut sich der Index der einzelnen Kategorien auf (wie etwa allgemeine Seiten, Regierung und Städte, Geschichte und Kultur bis hin zu Religion und Kirchen oder Gemeinschaften und Gruppen). In jeder dieser Kategorien wird wieder eine Fülle von Links geboten.
Viele Links sind mit denen anderer Länder – etwa Tschechien oder Slowakei, Italien oder Polen – verbunden. Unter Sprachen finden Sie ein deutsch-englisches genealogisches Wörterbuch oder Kurse zum Lesen der verschiedenen Schriftarten.
Bei Bibliotheken und Archiven können Sie die Register vieler Archive der Bundesländer direkt ansteuern. Ebenso gibt es eine lange Aufstellung der verschiedenen Mailinglisten, die mit Österreich in Zusammenhang stehen (etwa für Österreicher mit ungarischen Wurzeln, mit polnischen, mit italienischen).
Ähnliches spielt sich in den anderen Kategorien ab.
Von der Stammseite lassen sich viele andere Begriffe anwählen, die ebenso in Kategorien aufgeteilt sind. Also etwa – das

sind freilich nur einige wenige Beispiele – Deutschland mit 1117 Links, Polen mit 382 Links und die Schweiz mit 171 Links. Die Zahlen der gemeldeten Links ändern sich allerdings nahezu von Tag zu Tag. Ständig werden neue gefunden, andere, inaktiv gewordene werden gelöscht. So bleibt die Liste, die man auch völlig gratis per E-Mail bestellen kann, ständig aktuell.
Es gibt kaum einen Bereich, auf dem sich mehr Links zur Genealogie finden lassen. Selbst wenn jemand im kleinen Luxemburg suchen will, findet er 82 Adressen.
Mit Cyndi's List am Computer – das ist Kimberly Powells Link Nr. 53 – schüttet sich über jeden Familienforscher ein Füllhorn aus. Doch die Liste kann weit mehr. Etwa wenn Sie „Topical List" anwählen, finden Sie alle Gruppen in einer völlig neuen, aber für die Suche recht praktischen Zusammenstellung. So etwa können Sie hier alle Links zusammensuchen, die eine bestimmte Religionsgemeinschaft betreffen oder die Hilfe bei der Lösung genealogischer Fragen versprechen.
Weiters gibt es auf Cyndi's List einen kompletten Kurs für den Aufbau einer genealogischen Homepage mit allen Ratschlägen, was dabei beachtet werden sollte. Und natürlich auch mit Hinweisen, wohin man sich bei bestimmten Problemen wenden kann.
Cyndi Howells großartige Site ist gleichsam der Hauptbahnhof, auf dem es viele Wegweiser gibt, die Sie zum richtigen Gleis führen. Kein Wunder, wenn ein solcher Hauptbahnhof mit seinem hervorragend funktionierenden System nachgeahmt, ja sogar in manchen Bereichen verbessert wird.

Frauen spielen in der Genealogie eine große Rolle

Und wieder ist es eine Frau, die diese Leistung vollbracht hat. Wie überhaupt Frauen in der Genealogie fast in allen Ländern der Welt führend an der Spitze stehen. In diesem Fall ist es die deutsche Genealogin Birgit Wendt. Sie ist nicht nur Mitarbeiterin im deutschen Ahnenforschungsnetz, www.ahnenfor-

schung.net, das in deutscher Sprache brandaktuell neueste Nachrichten, Informationen, Tipps und Links liefert, sondern sie gibt auch selbst eine – umfangmäßig viel schwächere – Variante von Cyndi's List als Biggis List, erreichbar unter www.biggislist.de heraus.
Von hier aus können Sie zum Beispiel ganz leicht innerhalb der österreichischen Links Pfarren in den einzelnen Bundesländern ansteuern und so den Namen des Priesters erfahren, den Sie befragen wollen.

Wichtige deutschsprachige Internetadressen

Das schon erwähnte deutsche Ahnenforschungsnetz ist eine Spitzenseite für Genealogen, die sich mit Fremdsprachen ein wenig schwer tun. Die Adresse lautet www.ahnenforschung.net. Nach aktuellen Nachrichten gibt es hier das Inhaltsverzeichnis. Innerhalb der einzelnen Gruppen – etwa Religions-/Glaubensgemeinschaften – lässt sich jede Unterordnung – z. B. Hugenotten, Mennoniten usw. – direkt anwählen und so eine weitere Linkliste aufrufen.
Recht umfangreich ist auch das Informationsangebot der deutschsprachigen Ahnenforschungs-Organisation unter www.ahnenforschung.net Im Forum können Sie – nach einer ausführlichen kostenlosen Registrierung – kurze konkrete Anfragen stellen. Sie werden rasch kundige Helfer finden! Hilfe gibt es ebenso in anderen Bereichen, etwa dem Erlernen der Sütterlin-Schrift, die bekanntlich gerade Genealogie-Neulingen oft größte Schwierigkeiten bereitet und sinnvolles Weiterarbeiten extrem erschwert oder sogar unmöglich macht.
Der weitaus größte deutschsprachige „Hauptbahnhof" in Sachen Familien- und Ahnenforschung ist das „genealogy.net" unter der Adresse www.genealogienetz.de. Es ist in seiner Reichhaltigkeit an Informationen, Tipps und praktisch nutzbaren Links durchaus mit der hoch gerühmten amerikanisch/internationalen, aber leider nur englischsprachigen Cyndi's List

vergleichbar. Der Aufbau der Site ist jenem der bereits erwähnten anderen deutschen Homepages ähnlich, nur spielt sich hier alles in einem weitaus größeren Maßstab ab.
Außerdem hat dieser „Wegweiser"-Wald einen starken Konnex zur Computer-Genealogie, so dass Sie sich – die Seiten deutsch lesend – auch auf diesem Gebiet aktuell auf dem Laufenden halten können.
Leider bereits seit einigen Jahren nicht mehr aktualisiert ist die an sich hervorragende Link-Liste der „Internetquellen zur Genealogie des deutschen Sprachraumes" unter der Adresse http://home.bawue.de/~hanacek/info/ddatbase.htm. Sie liefert trotzdem noch immer eine Menge wertvoller Suchstellen. Viele Links haben sich über die Jahre erhalten oder leiten Besucher automatisch an eine neue Adresse weiter.
Bis jetzt haben Sie zahlreiche Adressen erfahren, die im internationalen Bereich angesiedelt sind, weiters manche, die Ihnen im deutschsprachigen Raum weiterhelfen – sie sind natürlich deutschsprachig –, doch jetzt nach Österreich:

Wie sieht es mit der Genealogie in Österreich aus?

Bescheiden, selbst wenn die schon oft genannte berühmte Suchmaschine Google hier fast 40.000 Fundstellen listet, wird unser „Ostarrîchi" vorwiegend von den schon erwähnten deutschen oder internationalen Familienforschungsseiten so am Rande betreut. Am häufigsten finden sich hier noch die privaten Homepages, die Ahnenforscher ins Netz stellen und die oft neben der eigenen Familiengeschichte recht brauchbare weiterführende Informationen bieten.
Doch innerhalb dieses Materials sticht eine Site aus Österreich heraus: Die Site des „Instituts für Historische Familienforschung – IHFF Genealogie Gesellschaft mbH", die Sie unter der Adresse www.ihff.at finden.
Ing. Felix Gundacker, der Geschäftsführer der Gesellschaft, ein ehemaliger Tiefbautechniker, der dem erlernten Beruf schon

bald den Rücken kehrte und sich seit 1989 auf die für ihn auch aus persönlichen Gründen wesentlich interessantere Familienforschung konzentrierte, hat sich erst in diesem Jahr mit einem Schlag in den Himmel berühmter Ahnenforscher katapultiert.

Den Ahnen von John Kerry auf der Spur

Damals, als er im Auftrag der bekannten, ja sogar berühmten amerikanischen Tageszeitung „Boston Globe“ die Herkunft des demokratischen US-Präsidentschaftskandidaten John Kerry minutiös erforschte und die väterliche Linie im alten Österreich bis in die schlesische Stadt Bennisch zurückverfolgen konnte. Dort war ein Vorfahr des prominenten US-Politikers, der Großvater väterlicherseits, als Prokurist einer Schuhfabrik tätig gewesen. Allerdings unter dem Namen Fritz Kohn, bis er diesen 1886 lange vor seiner Emigration 1905 in die USA ablegte und sich so von einem jüdischen Bürger in einen katholischen Fritz Kerry verwandelte.
Sicher ist diese Forschungsauftragsarbeit bisher die spannendste im Leben des österreichischen Genealogen, doch das Schicksalsbild, das sich aus ihr ergab, berührte ihn sehr. Er selbst schreibt dazu auf seiner Homepage:
„Als ich im Jänner 2003 vom Boston Globe den Auftrag erhielt zu überprüfen, ob Friedrich Kohn tatsächlich in Bennisch jüdisch zur Welt kam und später konvertierte, konnte ich den Umfang der Forschungen noch gar nicht richtig einschätzen. Was als ganz normale Arbeit begann entwickelte sich im Laufe der Zeit zu meiner spannendsten Genealogie der letzten Jahre. Nicht nur, weil es sich hier um die Vorfahren eines amerikanischen Präsidentschaftskandidaten handelt, sondern auch, weil der Aufstieg in der früheren Monarchie zu einer angesehenen und sehr erfolgreichen Großfamilie jäh durch Antisemitismus, die Nazis und den Holocaust unterbrochen wurde. Die dadurch entstandene Lücke zu erkennen, sie zu sehen und zu fühlen, war der schmerzhafte Teil dieser Forschung.“

Nicht viele Genealogen erleben bei ihrer Forschungsarbeit derartige Highlights, wie Ing. Gundacker, aber auch Ihnen kann – wenn Sie nur lange, zäh und intensiv an Ihrer Familiengeschichte arbeiten – ein solches oder ähnliches beschieden sein.

Informationen und mehr für Forschungen im alten Österreich

Doch die IHFF-Site ist nicht allein wegen der hochbrisanten Kerry-Ahnenstory interessant, sondern vor allem wegen des großartigen Materials für Forschungen innerhalb der zerfallenen Monarchie. Für jeden ein absolutes Muss, dessen Forschungsgebiet das alte Österreich ist.

Die Seiten informieren ausführlich über die diversen Forschungsmöglichkeiten in den ehemaligen Kronländern und die Grenzen der Monarchie. Oder über Matriken, Duplikate, grundherrschaftliche Protokolle und Exulanten (vertriebene Protestanten). Ein kurz gefasstes genealogisches Wörterbuch bietet jedem Amateurgenealogen brauchbare Schützenhilfe.

Apropos Hilfe: Da sind noch die vielen praktischen Bücher und Drucksorten des IHFFs, die hier direkt in einem seriösen Preis-Leistungsverhältnis erworben werden können. Nicht ganz billig, dafür aber faszinierend und umfangreich (knapp 4.200 Seiten) ist der Generalindex der katholischen Trauungen in Wien, der Hauptstadt der Monarchie, die etwa im Jahr 1910 zur sechstgrößten Stadt der Welt zählte.

Ein besonderes „Zuckerl“: die Ortssuche

Aber die IHFF-Site hat noch ein anderes „Zuckerl“ bereit. Auf dieser Site lässt sich online ein Ortsverzeichnis für über 70.000 Orte in der damaligen und heutigen Schreibweise in Österreich sowie der Tschechischen und Slowenischen Republik kostenlos benützen.

Eine Erinnerung an Erzählungen meiner Frau verlockte mich sofort zu einem praktischen Test. Oft hatte sie von einem Familienausflug berichtet:

„Es war in den späten Fünfzigerjahren. Ich war ein Mädchen mit etwa 11 Jahren, als mein Vater, seine Mutter – die ich zärtlich Wirth-Oma nannte – und ich im eben neu erworbenen Auto einen Ausflug ‚in die Heimat', ins Waldviertel, machten. Wir fuhren nach Norden, eine kleine Stichstraße führte in Richtung Grenze. Dann war die Straße zu Ende. Vor uns floss die Thaya ein wenig träge mit dunkelgrünem Wasser dahin.
Die großen Tafeln ‚Achtung Staatsgrenze!', die Ballen mit Stacheldraht, die Wachtürme, die fremden Soldaten mit ihren Ferngläsern und Maschinengewehren machten mir Angst. ‚Bleib ja stehen!', warnte mein Vater eindringlich, während meine Großmutter – damals fast achtzigjährig – mit einem verklärt-traurigen Blick in die Ferne nach Tschechien schaute. ‚Weißt Kind, da drüben, da lag mein Heimatort, Gottschallings. Jetzt sind da nur noch Wiesen und Felder. Das tut weh, aber das wirst du erst verstehen, wenn du groß bist.' Mit ein wenig zittrigen Fingern kramte sie nach einem Taschentuch und wischte sich die Tränen verstohlen aus dem Gesicht.
Mein Vater erklärte mir später, dass viele Orte jenseits der Staatsgrenze dem Erdboden gleichgemacht wurden, zum Schutz des ‚Eisernen Vorhangs' und oft auch nur deshalb, weil die Bevölkerung deutschsprachig war."
Gottschallings – gesucht hatte ich den Ort schon einige Male im Internet, gefunden hatte ich sehr wenig. In einem Ortsverzeichnis einmal den tschechischen Namen Kostalkov, dann eine andere Quelle, in der vermerkt war, dass dieser Ort mit vielen anderen einfach ausgelöscht worden war.

Ein Praxistest

Diesmal wandte ich mich direkt an die Onlinesuche im neu geschaffenen IHFF-Ortsregister. In die Suchzeile tippte ich „Gottschallings" ein. Sofort erhielt ich ergänzende Informationen.
Als ich zuletzt den blau leuchtenden Ortsnamen Gottschal-

lings anklickte, kamen noch weitere hilfreiche Informationen. Auch das Archiv, wo die Matriken des geschleiften Ortes aufbewahrt sind, wurde mir genannt.

„Einfach faszinierend", dachte ich begeistert, und ich bedauerte bloß, dass es so etwas nicht auch für Ungarn gibt.
Die Adresse des Archivs erfuhr ich ebenso wie seine Öffnungszeiten auf einer von Ing. Gundackers Seiten, versehen mit dem warnenden Hinweis, den auch ich Ihnen schon einige Male gegeben habe: „Terminvereinbarung ist unbedingt notwendig!".

Ein ganz privater Spaziergang

Von den vielen privaten Sites zur Ahnenforschung, die es überall gibt – auch in Österreich –, habe ich Ihnen schon erzählt. In manchen entdecken Sie gute Tipps oder gar Hilfe. Wenn Sie also nicht „auf der Jagd" sind, sollten Sie die Gelegenheit ergreifen, da oder dort vorbeizuschauen. Es könnte sein, dass Sie so alte, aber im Lauf von Jahrzehnten verschwundene Freunde wieder finden.
Dieses Erlebnis hatte ich, als ich in einem großen deutschen Verzeichnis in dessen Österreich-Rubrik auf die Site eines Herrn Eibensteiner stieß. Die Adresse lautete www.eibi.at.
Warum hatte mich der Name so fasziniert? Nun, ein Fritz Eibensteiner hatte wie ich Ende der Sechzigerjahre bei einer Tageszeitung gearbeitet. Beide saßen wir in der Lokalredaktion. Wir waren nicht nur Kollegen, sondern wir wurden bald auch gute Freunde. Ich war dabei, als er seine Frau Erika kennen lernte, wir feierten gemeinsam Silvester, und wir verbrachten einen herrlichen Urlaub beim „Toni Sailer" der Türkei, dem türkischen Ringer und mehrfachen Olympia-Sieger Hamid Kaplan in Düsce.
Aus beruflichen Gründen trennten sich nach Jahren der Freundschaft unsere Wege. Später hörte ich von seiner schweren Krankheit und einem allzu frühen Tod in noch jungen Jahren.

Jahrzehnte vergingen. Dann stieß ich auf eine private Homepage mit dem Namen Eibensteiner. Alter Bilder tauchten in mir wieder auf, alte Erinnerungen wurden wach. Ich sah mir die Seite an. Ich klickte das Link „Über diese Seite“ an. Da lächelte mir ein Gesicht entgegen, das mich sofort an meinen Freund und Kollegen erinnerte: Es war Marcus, sein Sohn, Jahrgang 1972, den ich aber niemals persönlich kennen gelernt hatte. Er hat auf dieser Homepage mit genealogischer Spürarbeit die Geschichte seiner Familie und seines Stammhauses, der heutigen Ruine Eibenstein im Waldviertel, zusammengetragen. Schon wenig später kam ein erster Kontakt zustande.

Diese kleine Geschichte zeigt, wie leicht gerade das Internet Menschen – Familien, alte Freunde, Bekannte – wieder zusammenbringen kann.

Links, Links und wieder Links

Einige weitere gute Links möchte ich Ihnen auf keinen Fall vorenthalten, weil sie Ihnen bei der Suche nach Ihren Ahnen helfen können.

Unter www.krone.at/family/stammbaum_total.html finden Sie noch immer die ausgezeichnete Ahnenforschungsserie, die vor einigen Jahren in der Kronen-Zeitung erschienen ist. Über die Homepage der Krone ist sie allerdings nicht mehr direkt erreichbar. Hier gibt es Musterbriefe in den verschiedensten Sprachen, zusätzlich Erklärungen für alte Begriffe, Zeichen, Abkürzungen und vieles andere mehr.

Eine hervorragende Site vor allem im Zusammenhang mit der österreichischen Geschichte gibt es unter der Adresse www.literature.at. Ahnen- oder Familienforschung werden Sie hier allerdings vergeblich suchen. Sie finden jedoch nahezu 4000 Bücher, die Sie auch – vorausgesetzt, Sie haben das Programm Acrobat Reader installiert, das Sie sich gegebenenfalls jederzeit kostenlos von der Adresse www.adobe.com herunterladen können – online lesen und sogar ausdrucken können.

Unter anderem können Sie sich ein altes 60-bändiges Adelsverzeichnis auf den Bildschirm holen, in dem Sie wahrscheinlich alles über Aristokraten und ihr Leben finden werden. Im Übrigen stammen die Bände alle von Constantin Wurzbach und sind zwischen 1856 und 1891 unter dem Titel „Biographisches Lexikon des Kaisertums Österreich" erschienen. Die Links zu den einzelnen Bänden sind mit einem alphabetischen Register versehen.
Am schnellsten und einfachsten gelangen Sie zu diesem umfassenden Werk, wenn Sie gleich auf der Startseite in die Suchmaske den Namen „Wurzbach" eingeben.
Zum Schluss noch ein Link, das Ihnen viele Überraschungen, aber unter Umständen auch interessante Ergebnisse bringen kann. Sie finden es beim „Surname Navigator" unter der Adresse www.rat.de/kuijsten/navigator/austria/index.html. Hier können Sie aus mehr als 40 Staaten wählen, darunter natürlich auch Österreich, Deutschland und die Schweiz, und mit der Multisuchmaschine in elf ausgesuchten Datenbanken (darunter auch Telefonverzeichnissen) nach einem bestimmten Namen suchen. Aber erschrecken Sie bitte nicht! Auf Ihrem Bildschirm bauen sich innerhalb von Sekunden überlappend und kaskadenförmig 11 Browser-Screens auf, die auch Ihre Statuszeile erheblich füllen. Sehen Sie sich jeden einzelnen genau an, ehe Sie in wieder schließen. Vielleicht ist hier genau jene Information, die Sie schon lange gesucht haben.

In der Schweiz verstecken sich die Ahnen gerne

Familienforschung in der Schweiz zu betreiben, ist ein Unterfangen, an das sich eigentlich nur Schweizer wagen sollten – oder Menschen, die das schwyzerische Denken kennen lernen und das kantönli-durchwachsene Behörden- und Archivierungssystem in Erfahrung bringen wollen. Das ist aber wahrlich kein leichtes Unterfangen. In der Schweiz (in fast allen Kantonen) werden Namen ganz anders archiviert als etwa in Österreich

oder Deutschland. Hier muss man gleich von Beginn an wissen, woher die Familie kam, erst dann lassen sich die nötigen Unterlagen für weitere Forschungsarbeiten finden.
Das alles hängt mit dem Schweizer Bürgerrecht zusammen und ganz besonders mit dem Begriff des „Bürgerorts". Eine höchst wichtige Rolle bei jeder Suche nach einem Schweizer Ahnen spielt das „Familiennamensbuch".
Wenn Sie das im Internet machen wollen, rate ich Ihnen zu einem kleinen Trick: Verwenden Sie für die Suche nach interessanten Sites – wenn Sie nicht eine andere Suchmaschine bevorzugen – statt der üblichen Suche über den deutschen (.de) oder österreichischen Mirror (.at) direkt die schweizerische Suchseite www.google.ch und klicken Sie in der Suchmaske den Punkt „Seiten aus der Schweiz" an. Dann bleiben Ihnen viele Sites aus dem Ausland erspart.
Genealogisch wird der kleine Alpenstaat zwar von seinen viel größeren Nachbarn, vor allem dem deutschen, geradezu erdrückt. Dennoch gibt es sehr viele private Homepages, die sich mit Familiengeschichte befassen. Wirklich große Links zum Weiterforschen finden sich trotz rund 19.000 Fundstellen nur wenige. Dann allerdings sehr gute. Vor allem die Archive bieten viele Informationen. Die Hauptanlaufstelle für Familienforscher, die sich in der Schweiz und über Schweizer Bürger informieren wollen, finden Sie unter der Adresse www.eye.ch/swissgen/intro-d.htm.

Eine kleine, aber wichtige Beziehung habe auch ich zur Schweiz. In den Fünzigerjahren fuhr ich als Pflegekind ins vom Krieg verschonte Nachbarland. Ich landete bei einer lieben, äußerst katholischen und kinderreichen Familie in einem winzigen Ort wenige Kilometer westlich des Baldegger-Sees im Kanton Luzern. Vor allem mit Franz, der denselben Vornamen hatte wie sein Vater, verstand ich mich bestens. Oft „tschuteten" wir um die

Wette, das heißt wir spielten Fußball. Ich lernte den großen Bauernhof in jedem Winkel und aus jeder Perspektive kennen, ebenso die reichen Gründe der Familie. Mehrmals besuchte ich sie noch, dann riss die Verbindung ab. Beruf, eigene Familie, andere, neue Urlaubsziele drängten die Schweizer in den Hintergrund.
Als ich mich vor kurzem über die genealogischen Forschungsmöglichkeiten in der Schweiz informierte, packte mich – wie schon so oft zuvor – die Neugier: Gibt es die Familie noch? Lebt sie nach wie vor in dem kleinen Ort?
Ein Blick ins Schweizerische Online-Telefonbuch – über www.auskunft.at die Schweiz anklicken – schuf innerhalb weniger Sekunden Klarheit. Und ein Blick ins Luzerner Staatsarchiv offenbarte mir sogar einige Informationen über die Familie, von denen ich bisher gar keine Ahnung gehabt hatte.
Übrigens: Franz, den Sohn, gibt es noch immer in dem kleinen Ort. Und wie sein Vater ist auch er, der einstige Jungbauer, bei der Versicherungsgesellschaft gelandet.

Das nur zu meinen kurzen Internetrecherchen in der Schweiz. Grundsätzlich kann man noch sagen, dass die für den deutschen Sprachraum gültigen Seiten (siehe oben) sehr oft Spezialbereiche für die Schweiz abdecken. Sie können also ohne weiteres Informationen und Quellen über www.genealogienetz.de, www.ahnenforschung.net, www.ahnenforschung.org. und natürlich auch Biggis List einholen. Hier lautet die Adresse zu den Schweizer Informationen http://biggislist.genealogy.net (Zuerst das Link Regionale Forschung und dann Schweiz anklicken). Und selbstverständlich gibt es jede Menge Material auch über die Schweiz in der internationalen englischsprachigen Seite Cyndi's List.
Eine persönliche Erfahrung möchte ich an dieser Stelle an Sie weitergeben: Erwarten Sie sich von Ihrer Suche im Internet niemals zu viel, aber erwarten Sie sich auch nicht zu wenig!

Überraschungen sind immer möglich, denn die Globalisierung hat selbst vor den Namen und der Familienforschung nicht Halt gemacht.

Helfer gibt es überall

Sie werden es sicher noch merken. Und wenn Sie schon in Sachen Familiengeschichte unterwegs sind, haben Sie es bestimmt bereits selbst festgestellt: Ohne fremde Hilfe sind Erfolge nur schwierig zu erzielen.

Wenn Sie sich im Internet bewegen, ist Ihre erste und wichtigste Hilfe eine gute Suchmaschine sowie Ihre eigene Fähigkeit, sie richtig zu bedienen und alle ihre Möglichkeiten auszunützen.

Eine gute Suchmaschine ist für das Internet der wichtigste Helfer

Jeder Internet-Benutzer hat seine bevorzugten Suchmaschinen. Da schwört der eine auf Google, der andere auf Altavista, der dritte auf Lycos, um nur einige wenige zu nennen. Ich gestehe es offen: Ich bin ein Google-Fan!

Zwar ist diese Suchmaschine gerade in letzter Zeit ein wenig in Verruf geraten, weil sich in ihre blitzartig angebotenen Listen auch immer wieder Links zu „Suchbegriff-fremden“ Seiten einschleichen. Aber weil ich nun eben ein Fan bin, toleriere ich das und freue mich über die vielen richtigen Wegweiser. Außerdem meine ich, dass es solche „Ausrutscher“ bei allen Suchmaschinen gibt.

Die Geschichte von Google ist eine typisch amerikanische Erfolgsstory. Gegründet von den Studenten Sergey Brin und Larry Page, 4 Mitarbeiter, Standort: eine Garage in Kalifornien. Heute haben die Suchroboter vollautomatisch vier Milliarden Adressen und 880 Millionen Bilder gelistet. Täglich werden es mehr. Über 200 Millionen Mal pro Tag wird in aller Welt die Suchmaschine Google angewählt.

Google hat auch ein besonderes Herz für Ahnen- und Familienforscher. Die schon früher erwähnte Kimberly Powell hat am Ende ihrer Liste von Gratisdiensten für Genealogen das Link 101, das sich speziell mit den Suchmöglichkeiten mithilfe der Suchmaschine Google befasst.

Arbeiten mit Google

Beachten Sie immer die Grundregeln, damit Sie möglichst genau das finden, was Sie suchen.
• Verwenden Sie ein Plus (+) unmittelbar und ohne Abstand vor Wörtern, die für Ihre Suche unbedingt wichtig sind.
• Setzen Sie ein Minus (-) unmittelbar und ohne Abstand vor Suchbegriffe, die Sie ausschließen wollen.
• Schließen Sie mehrere Suchbegriffe (die Sie in dieser Schreibung finden wollen) unter Anführungszeichen („Begriff1 Begriff2") ein. Das ist interessant, wenn Sie etwa nach einem Vor- und Familiennamen suchen. Diese Art von Suche ähnelt allerdings der schon früher beschriebenen Telefonbuch-Suche. Sie erhalten voraussichtlich viele Fundstellen, aber die Wahrscheinlichkeit, dass eine dieser Personen wirklich mit Ihnen verwandt ist, ist äußerst gering. Besser wird die Suche, wenn Sie dem Namen noch einen weiteren Begriff hinzufügen, etwa einen Beruf, einen Ort oder ähnliches. Aber selbst dann wird Ihre Suche – abgesehen davon, dass sie sehr viel Zeit und Geld für Online-Gebühren in Anspruch nimmt – von geringem Erfolg gekrönt sein.
• Schließlich können Sie noch zu einem Begriff mehrere Stichwörter suchen lassen. Dann müssen Sie vor diese jeweils ein OR (= oder) setzen, sonst sucht Google automatisch ALL (= alle).
Vermeiden Sie bei der Suche mit Google so genannte Stops. Das sind etwa Wörter wie: und, was, wer, bei etc. Sie werden von der Suchmaschine nicht berücksichtigt. Wenn das Wort dennoch berücksichtigt werden soll, müssen Sie wieder ein Plus (+) vorsetzen.

Google´s Empfehlung, auch nach alternativen Schreibweisen zu suchen, halte ich nur bedingt für praktisch. Dann nämlich, wenn es zum Beispiel um unterschiedliche Schreibungen von Ortsnamen geht. Die Suchmaschine bietet Ihnen in so einem Fall eine Variante an. Wenn Ihnen diese vernünftig erscheint, können Sie auch die neuen Links durchstöbern.

Wenn Sie manchmal eine Site nach dem Anklicken nicht erreichen können, kann Ihnen – wie bereits früher erwähnt – die Funktion „Im Cache“ weiterhelfen. Auch ein Klick auf „Ähnliche Seiten“ kann Ihnen unter Umständen neue Links liefern, ebenso die Eingabe von „link:suchadresse“ (ohne www) in die Suchmaske des Google. Dann werden Ihnen nämlich all jene Links geliefert, die eine Verbindung zur Suchadresse hergestellt haben.

Sie können auch Seiten nach bestimmten Begriffen durchsuchen. Etwa nach einem bestimmten Namen, der sich in einer der vielen Hundert Seiten versteckt. Dazu müssen Sie nur den Begriff nennen (z. B. den Namen), einen Doppelpunkt und einen Abstand machen und dann die Adresse ohne „www“ eingeben. Google listet Ihnen kurz darauf sofort all jene Stellen dieser Site auf, wo der Begriff vorkommt.

Ein kleines Beispiel für ein besseres Verständnis: Schreiben Sie in die Suchmaske des Google Ihren Familiennamen (oder jenen, nach dem Sie suchen) – Doppelpunkt – Abstand „genealogienetz.de“ (oder eine andere Web-Adresse; immer ohne „www“!!)

Wer noch immer nicht genügend Links untersucht hat, dem hilft Google großzügig weiter: Sie brauchen nur den Befehl „allinurl:“ gefolgt von einem weiteren Begriff – also etwa Ahnenforschung, Familienforschung, Genealogie, genealogy, oder etwas ganz anderes, z. B. dem eines bestimmten Gebietes – in die Suchmaske schreiben. Sofort listet Ihnen die Suchmaschine die Ergebnisse, die Adressen jener Sites, die den zweiten Suchbegriff in Ihrer Adresse haben.

Aber erschrecken Sie nicht: Beim Begriff „genealogy“ fand die fleißige Suchmaschine 10 Millionen Sites!
Statt „allinurl“ können Sie auch den Befehl „allintitel“ verwenden. Dann erhalten Sie zum Teil andere Ergebnisse. Nach beiden Befehlen IMMER einen Doppelpunkt und ein Abstand setzen. Das Ergebnis können Sie noch verbessern, wenn Sie etwa nach „Genealogie“ und „Frankreich“ suchen bzw. hier für den zweiten Begriff zusätzlich eine Variante eingeben, also z. B. „OR italien“.
Wenn Sie über genügend Zeit verfügen (und Sie außerdem bei den Online-Gebühren nicht sparen müssen), können Sie sich in den genealogischen Newsgroops herumtreiben, die Google anbietet. Sie finden den Zugang ganz oben auf der Hauptseite unter „Groups“. Besonders interessant: Manche der Newsgroups sind bis zurück ins Jahr 1981 archiviert.
Grundsätzlich möchte ich Ihnen raten, für jede Suche nicht bloß die allgemeine Google-Adresse mit der amerikanischen/internationalen .com- oder der deutschen .de-Extension, sondern vielmehr eine landesspezifische zu verwenden. Die finden Sie, wenn Sie hinter die Adresse www.google noch den Landeskenner, also z. B. für Österreich .at oder die Schweiz .ch setzen. In manchen Fällen werden Sie zu einer Suchmaschine weitergeleitet, die dann zwar einen anderen Namen trägt, aber gleichfalls mit den so mächtigen Google-Suchalgorithmen arbeitet.
Es gibt noch sehr viele Tricks zur phantastischen Suchmaschine Google, sie sind allerdings meist technischer Natur und deshalb für Genealogen weniger interessant.

Zeitungsarchive sind äußerst nützlich

Wenn in Zukunft die Vergangenheit zur Gegenwart wird, fällt Familienforschung schon um vieles leichter. Vor allem wenn Sie die Gelegenheit haben, in Zeitungsarchiven online zu wühlen. Sie brauchen dann nicht mehr in einer Bibliothek sitzen, sondern können sich jede Zeitungsseite auf dem eigenen Bildschirm daheim aufrufen. Online-Zeitungsarchive sind für jede Forschungsarbeit etwas äußerst Nützliches.

Zwei interessante Adressen möchte ich Ihnen hier vorstellen. Die erste ist ANNO, Austrian Newspapers Online, ein Projekt der Österreichischen Nationalbibliothek in Kooperation mit der Österreichischen Parlamentsbibliothek, der Universitätsbibliothek Innsbruck und der Wiener Stadtentwicklung und Stadtplanung. Sie finden es unter der Adresse http://anno.onb.at. Das Projekt ist gleichsam ein virtueller Lesesaal. Kostenlos lassen sich viele bedeutende Zeitungen und Zeitschriften online lesen. Darunter sind die „Wiener Zeitung", mit ihren 300 Jahren Geschichte die älteste noch bestehende Zeitung der Welt, der „Pester Lloyd", aber auch einige Jahrgänge der „Innsbrucker Nachrichten" oder der „Klagenfurter Zeitung", um nur eine kleine Auswahl aus dem Archiv zu nennen. Ständig wird es durch neu digitalisierte Zeitungsbände erweitert.

Von der „Wiener Zeitung" können Sie bereits die Jahrgänge 1780 bis 1781 sowie von 1808 bis 1938 (!) seitenweise aufrufen. Von den anderen angebotenen Blättern gibt es ein eigenes Verzeichnis, das Ihnen zeigt, was bereits verfügbar ist.

Eine zweite interessante Webadresse zur österreichischen Zeitungs- und damit Zeitgeschichte ist die Digitalisierung der „Arbeiter Zeitung" (www.arbeiter-zeitung.at), von der bereits die Jahrgänge von 1945 bis 1989 abrufbar sind. Geplant und in Arbeit ist der gesamte Bereich ab der Gründung des Blattes im Jahre 1889.

Außerdem soll es – wie auch schon für die erstgenannte Archivadresse – später einmal eine Volltextsuche geben. Das wäre für allem für Genealogen, die nach Namen suchen, äußerst interessant.

Doch wo finden Sie Hilfe und Helfer, wenn das Internet – aus welchen Gründen auch immer – einmal keine brauchbaren

Hinweise liefern kann? In so einem Fall werden Sie sich – auch wenn das Geld kostet – an Fachleute wenden müssen, an „Berufsgenealogen“, also an Menschen, die sich das Familienforschen in fremden Diensten zum Beruf gemacht haben. Solche Forscher gibt es nahezu in jedem Land der Welt, in jeder Größenordnung, jeder Leistungsfähigkeit und natürlich auch in jeder Preisklasse.

Wenn jemand von seinem Wissen und seinen oft durch jahrzehntelange Erfahrung erworbenen Fähigkeiten lebt, dann ist es selbst für einen Laien durchaus verständlich, dass er für seine Leistungen einen ordentlichen Preis verlangt. Doch wie im normalen Leben sollte auch hier das Preis-Leistungs-Verhältnis stimmen. Da geht es nicht an, dass man mit einer x-beliebigen Person einen Vertrag schließt (dabei Kleingedrucktes vielleicht übersieht) und am Schluss nach langer Wartezeit und oft vielen Vertröstungen mit einem nur mäßigen Ergebnis und Kosten von einigen tausend Euro dasteht.

Deshalb macht die Inanspruchnahme fremder Hilfe nur dann Sinn, wenn man sich für einen wirklich seriösen Helfer entscheidet und seine erbrachte Leistung auch einen gewissen Wert hat. Da geht es immer um Fakten, Quellen, dokumentierte Unterlagen. Erst dann entsteht jene feste Kette zurück zu den Ahnen der Vergangenheit.

Sicher ist es gerade für einen Laien nicht leicht, einen seriösen und möglichst preisgünstigen Genealogen zu finden. Wo erhält man die Namen und Adressen, die Spreu von Weizen trennen? Ich rate Ihnen, sich mit derartigen Fragen immer an alte, bewährte, seriöse Forschungsstellen zu wenden.

Wer berät Sie in Österreich?

Am besten wenden Sie sich hier in Sachen Genealogie an einen „alten Hasen“, an die berühmte, schon 1870 als wissenschaftlicher Verein gegründete Heraldisch-Genealogische Gesellschaft ADLER, 1096 Wien, Universitätstrasse 6/9b,

Tel.: +43/01/409 25 78, office@adler-wien.org. Die Homepage finden Sie unter der Adresse www.adler-wien.org. Anfragen können Sie an die Adresse society.adler.vienna@chello.at richten.

Der Verein verfügt über eine äußerst reichhaltige Bibliothek und kann Ihnen von sich aus viel Hilfsmaterial zur Verfügung stellen. Bibliotheksstunden sind jeweils am Mittwoch von 17.00 bis 19.00 Uhr (Gebühr für Nichtmitglieder: 8 Euro); Bibliotheks-Sonntage jeweils am ersten Sonntag im Monat nur für Mitglieder in der Regel zwischen 11.00 und 20.00 Uhr. Die Mitgliedschaft bei ADLER kostet im Jahr 50 Euro.

Eine weitere Anlaufstelle zur Beratung und vielleicht auch gleich Betreuung ist das schon mehrfach erwähnte „Institut für Historische Familienforschung" – IHFF Genealogie Gesellschaft mbH von Ing. Felix Gundacker. Adresse: 1190 Wien, Pantzergasse 30/8, Tel.:+43/01/369 97 29, Fax: +43/01/369 97 30 office@ihff.at, die Homepage finden Sie unter www.ihff.at.

Geforscht wird in erster Linie in Österreich, Böhmen, Mähren mit k.k. Schlesien, westliche Slowakei, westliches Ungarn, Slowenien, Südtirol und Bayern. Die Kosten richten sich nach Aufwand und Schwierigkeit. Hier müssten Sie sich – wenn Sie die Hilfe des IHFF in Anspruch nehmen möchten – persönlich mit Herrn Ing. Gundacker oder einem seiner Mitarbeiter in Verbindung setzen.

Im Westen Österreichs hat sich der Berufsgenealoge Hans-Peter Haberditz für die geografischen Bereiche Nordtirol, Südtirol, Salzburg und Vorarlberg etabliert und bereits einen Namen gemacht. Seine Adresse: A-6200 Jenbach / Tirol, Huberstraße 32, Tel./Fax: +43/05244/63 221, Mobil: +43/0699/10 25 63 55, info@ahnenforschung-austria.com, www.ahnenforschung-austria.com. Hans-Peter Haberditz bietet sowohl Kurse für Ahnenforscher zu äußerst moderaten Preisen (Volkshochschulgebühr + Euro 15,– für Kursunterlagen) an, aber führt auch selbst Auftrags-Familienforschung durch. Hier richten sich die Preise ebenfalls nach Aufwand und Schwierigkeit. Eine Absprache in dieser Richtung ist daher sicherlich nötig.

Wenn Sie in Deutschland professionelle Hilfe in Anspruch nehmen wollen

Für den gesamten deutschen Raum empfiehlt sich der in Berlin etablierte Verein für Heraldik, Genealogie und verwandte Wissenschaften HEROLD, D-14195 Berlin, Archivstraße 12-14, Tel,: +49/30/839 01-100. Der Verein ist über die Internet-Adresse www.genealogienetz.de/vereine/herold erreichbar. Der Mitgliedsbeitrag beträgt rund Euro 35,– und beinhaltet ein Jahrbuch, eine vierteljährlich erscheinende Zeitschrift und die Benützung der Bibliothek. Über diesen Verein können Sie bei Bedarf sicherlich Adressen von seriösen Berufsgenealogen erfahren, von denen Sie nicht übervorteilt werden.
Weitere Adressen für Deutschland finden Sie auf der großen Internetseite von www.ahnenforschung.net/berufsgenealogen. Hier sind die einzelnen professionellen Anbieter nach Bundesländern gelistet. Teilweise werden auch die Leistungen beschrieben, die sie offerieren.

Wo finden Sie in der Schweiz professionelle Hilfe?

In der Schweiz empfiehlt sich als erste Adresse für Beratung und gute Tipps die Genealogisch-Heraldische Gesellschaft Zürich, Präsident: Werner Adams, CH-8604 Volketswil ZH, Dammbodenstr. 1, Tel.: +45/1/946 18 13.
Anfragen bezüglich der Gesellschaft (etwa Programm, Mitgliedschaft) richten Sie an den Vorstand. Mit genealogischen Problemen wenden Sie sich an die auf den Kantonsseiten aufgeführten Kontaktpersonen: www.ghgz.ch.
Ein weiterer Berufsgenealoge in der Schweiz findet sich unter der Adresse www.ahneninfo.com. Als Leiter der Zentralstelle für genealogische Auskünfte der Schweizerischen Gesellschaft für Familienforschung ist Alfred Dobler in diesem Metier seit vier Jahren tätig. Er beschäftigt sich seit zwölf Jahren mit Genea-

logie. Bei ihm finden Sie nicht nur Rat und Hilfe, wenn Sie am gewissen „toten Punkt“ angelangt sind, sondern Sie können auch seine – natürlich nicht kostenlosen – Dienste in Anspruch nehmen. Seine Adresse: Alfred Dobler, CH-8616 Riedikon, Alte Blindenholzstrasse 14, dobler@ahneninfo.com.

Für die Familienforschung in Ungarn, Tschechien und der Slowakei

Hier sollten Sie mit dem Generalsekretär der Ungarischen Heraldischen und Genealogischen Gesellschaft Verbindung aufnehmen. Der erfahrene Genealoge, Historiker und Siedlungsforscher Dr. Alexander A. Harmath besitzt zwar auch die kommerziell arbeitende Firma HUNGAROGENS, kann Ihnen aber bestimmt einige kostenlose Tipps und Ratschläge geben. Tel.: +36/1/30 38 230 und +36/20/957 12 98, Fax +36/1/303 82 30, 1085 Budapest VIII, József krt 50, hungarogens@mail.datanet.hu, für genealogische Nachrichten, Rundbriefe oder Ratschläge aus Ungarn mailen Sie an homeland@mailbox.hu.

Für die Tschechei können Sie sich des schon wiederholt erwähnten IHFF bedienen, das ja auf diesen Bereich spezialisiert ist. Daneben finden Sie noch weitere Empfehlungen unter www.cyndislist.com/czech.htm#Professional unter der Rubrik „Professional Researchers, Volunteers & Other Research Services“.

Wenn Sie Rat und Hilfe in der Slowakei suchen, können Sie sich an die Slowakische Genealogische und Heraldische Gesellschaft wenden. Die Internetadresse lautet www.genealogy-heraldry.sk. Die Seite ist in Englisch und Slowakisch abgefasst. Eine Mitgliedschaft bei dieser Gesellschaft kostet 20 US-Dollar pro Jahr. Darüber hinaus werden Sie auf der Homepage über eine Vielzahl von kommerziell arbeitenden Genealogen informiert. Adresse: SGHS nám. J. C. Hronského 1, SK-036 01 Martin, Tel.: +42/1/434 13 12 67, Fax:+42/1/434 13 31 88, genealogy@snk.sk. Außerdem bietet Ihnen diese Site viele interessante und wertvolle Links in die osteuropäischen Staaten bis hin nach Russland und die Ukraine.

Wie gut oder schlecht die Dienste der genannten Berufsgenealogen sind, ob teuer oder preiswert, kann und will ich an dieser Stelle beim besten Willen nicht sagen. Ich kann Ihnen nur den Rat geben: Holen Sie Offerte ein, am besten schriftlich, lassen Sie sich alle Leistungen und Preise bestätigen, grenzen Sie Ihre Wünsche und Vorstellungen genau ab und ein, und unterschreiben Sie einen Auftrag nur dann, wenn Sie sich wirklich absolut sicher sind. Die großen, meist sehr kostengünstig arbeitenden Vereine in allen Ländern können Ihnen sicher eine Hilfe sein.

Im Übrigen: Diesen eben gegebenen Tipp sollten Sie immer beachten, wenn Sie professionelle Hilfe in Anspruch nehmen wollen oder müssen. Egal, ob über das Internet, persönlich oder schriftlich. Denken Sie aber bitte auch immer daran, wie viel Zeit und Geld nötig ist, wenn Sie die einzelnen Archive selbst aufsuchen müssen. Fachkundige Hilfe von Berufsgenealogen hat häufig zu Recht ihren Preis.

Rechnen Sie vorerst aber die Kosten zusammen – im einen oder anderen Fall –, wägen Sie ab, ob es Ihnen die Sache wert ist, ob Sie sich das leisten können oder wollen, und entscheiden Sie erst nach reiflicher Überlegung. Ich möchte hier nicht wie einst der Herr Lehrer mit dem drohenden Rohrstab dastehen, ich möchte Sie nur vor bösen, also mitunter sehr teuren Überraschungen warnen.

Der schwierige Weg ins Ausland

Unsere Ahnen waren längst nicht so sesshaft, wie wir vielfach meinen. Manche zog es ins Ausland, ob freiwillig oder nicht. Doch überall dort, wo ein Heimatwechsel stattfand, haben Familienforscher heute nennenswerte Schwierigkeiten, vor allem, je weiter sie in der Zeit zurückgehen.

So lange es nicht beamtete Schreiber gab – und das war fast überall in Europa erst im letzten Viertel des 19. Jahrhunderts der Fall –, mussten die Personen, die diese Tätigkeit ausübten, die Leute nur fragen, wie sie heißen. Und sie konnten nur aufschreiben, was sie hörten. Da wurde vieles missverstanden, missinterpretiert. Falsche Buchstaben mischten sich ein, aus einem T wurde plötzlich ein D, aber ebenso gut ein TT oder DT, an einen Konsonanten wurde ein stummes H gereiht und ähnliche Fehler mehr.

Besonders krass aber entwickelten sich diese Vorgänge, wenn es um eine fremde Sprache ging, der Vorfahre also im Ausland seinen neuen Aufenthalt nahm, auswanderte, umzog oder gar vertrieben wurde. Oder wenn ihn dort die Umstände zwangen, einen anderen Namen als den bisher gewohnten zu führen, einfach deshalb, weil ihn die Leute in der neuen Heimat nicht akzeptierten. Viele Namensänderungen fanden da aus Anpassungsgründen statt. Der Schmied wurde zum Smith, weil er einfach nicht ständig als Fremder, als Neuling angesehen werden wollte.

Wie viele Namensänderungen gab es da, als schon die große Maria Theresia, Österreichs „Kaiserin“ – die nie eine solche war –, die Transmigration – was nichts anderes als der beschönigende Ausdruck für Deportation war – österreichischer Protestanten nach Siebenbürgen anordnete. Wie viele Namen änderten sich, als diese Welle nach dem Zweiten Weltkrieg wieder in deutschsprachiges Gebiet zurückgedrängt wurde, und wie viele waren es, die 1956 vor Kommunismus und Sowjetdiktat aus ihrer ungarischen Heimat flohen.
Dies sind nur wenige Beispiele. Eine vollständige Liste würde Bände füllen, die Hintergründe Bibliotheken. Solche Schicksale finden sich bedauerlicherweise in allen Staaten, in allen Ländern und zu allen Zeiten. Aber sie haben eines gemeinsam: Namen haben sich geändert, Heimatorte ebenso. Und all das macht es für den Ahnenforscher äußerst schwierig, derartige Länder übergreifende Entwicklungen nachzuvollziehen und urkundlich zu belegen.

Aufzeichnungen gibt es über sehr vieles

Menschenbewegungen gab es schon immer. Erzwungene und freiwillige. Heute – zumindest in Europa – ist jeder Staat daran interessiert, sie festzuhalten. Er will wissen, wo seine Bürger hingehen, wo sie sich aufhalten. Namen werden gelistet, mit entsprechenden Hinweisen versehen, was im Zeitalter der Elektronik und der staatsübergreifenden Informationen sicher nicht sehr schwierig ist.
Früher war das anders. Wenngleich es auch vor einigen hundert Jahren geheime Listen in ebenso geheimen Archiven gab, sind diese Aufzeichnungen sicher unzulänglich. Denn das, was wir heute selbstverständlich als persönliche Dokumente bezeichnen, gab es nicht oder zumindest nur ansatzweise. Namen wurden nur mündlich weitergegeben, die für uns heute gewohnte Identifikation einer Person war damals Zukunftsmusik.

Aber viele Staaten kümmerten sich eher weniger um Menschen, die ausreisten, denn mit diesen hatten sie ja kaum noch etwas zu tun, konnten nichts mehr kassieren, nichts mehr einheben. Daran war man in erster Linie in jenen Ländern interessiert, wohin diese Menschen reisten oder wohin sie getrieben wurden. Deshalb macht es Sinn, in Archiven des Staates, der verlassen wurde (oder werden musste) nicht nach Auswanderern zu suchen, sondern in den entsprechenden Zielstaaten nach den Einwanderern. Hier bietet sich ein reicher Boden für Ihre Ahnenforschung, wenn Sie mit diesem Problem konfrontiert werden.
Konkret heißt das etwa auf die Deportation zu Zeiten Maria Theresias: Sie werden in ungarischen Archiven diesbezüglich eher und wahrscheinlich umfassenderes Material finden als in österreichischen. Genauso ist es mit Migrationen und Transmigrationen in anderen Ländern.

Als die Neue Welt lockte

Zigtausende Europäer hat es in den letzten zwei Jahrhunderten nach Nordamerika gezogen. Sie kamen aus Deutschland, aus Österreich, aus den Staaten des Ostens und aus vielen anderen Ländern Europas.
Sie suchten Arbeit, bessere Lebensbedingungen, mehr Verdienst und letztlich auch die hoch gerühmte, leider nur allzu häufig vorgespiegelte „amerikanische Freiheit". Wer nach Amerika kam – und das geschah in diesen Zeiten ausschließlich per Schiff –, wurde von den Einwanderungsbehörden genau befragt. Auch darüber wurden Listen angelegt und in Archiven gelagert. Die weiteren Spuren der Einwanderer lassen sich durch die in kurzen Zeitabständen durchgeführten staatlichen Volkszählungen (Census) verfolgen.
Leider sind die wenigsten Archive kostenlos online zugänglich. Das meiste Material haben sich – mit Ausnahme der Mormonen – kommerziell operierende Firmen gesichert. Da

gibt es dann zuhauf CDs zu kaufen, auf denen man – wenn man sehr viel Glück hat – ein oder zwei gesuchte Namen finden kann. Natürlich besteht auch die Möglichkeit, auf diesem Gebiet einen Rechercheauftrag zu erteilen, doch Vorsicht: Das kann sehr, sehr teuer werden! Fast immer wird erst dann mit der Arbeit begonnen, wenn eine entsprechende Aconto-Zahlung auf dem Konto des Unternehmens eingelangt ist. Und dann tickt die Uhr …
Doch zwischen teuer kaufen und günstig recherchieren oder vielleicht sogar kostenlos zu den Informationen zu kommen, ist ein gewaltiger Unterschied. In der Folge finden Sie einige ausgewählte und überprüfte Stellen, bei denen Sie für Ihre Suche nach Ahnen Hilfe erhalten können, die in die USA ausgewandert sind.

Österreich

Größere Auswanderungen aus Österreich gab es vor allem zur Zeit der Gegenreformation, etwa 1580 wurden viele Protestanten vertrieben. Ein weiterer Höhepunkt war die schon erwähnte Ausweisung von 23.000 Menschen durch Maria Theresia aus dem Land Salzburg 1731/32. Die Auswanderung nach Übersee betraf in den Jahren 1876 bis 1910 nicht weniger als 4,3 Millionen Menschen, wovon 2,9 aus der westlichen Reichshälfte stammten. Für mehr als 50 Prozent von ihnen war das Ziel für eine neue Heimat die USA.
Für alle jene, die mit dem Schiff die Heimat verließen, um eine neue zu suchen, waren die bevorzugten Häfen Bremen, Bremerhaven und Hamburg. Ganz selten wurde der „Heimathafen“ Triest benützt.
Aus diesem Grund finden sich kaum österreichische Quellen, weil österreichische Emigranten in den Passagierlisten deutscher Schiffslinien auftauchen. Deshalb ist es auch sehr sinnvoll, in diesen Listen bzw. Datenbanken zu suchen.
Ähnlich ist es mit Schweizer Bürgern, die auswanderten. Auch

ihre Daten finden sich bevorzugt in den deutschen Datenbanken bzw. bei den Einwanderungsbehörden des Ziellandes.

Deutschland Hauptstaatsarchiv Stuttgart
D-70173 Stuttgart, Konrad-Adenauer-Straße 4
Tel.: +49/711/212-43 24, Fax +49/711/212-43 60
www.auswanderer.lad-bw.de
Das Hauptstaatsarchiv Stuttgart bietet Ihnen kostenlos und online den Zugriff auf den gesamten Datenbestand der Auswandererdatenbank. Dieser umfasst derzeit etwa 250 000 Datensätze mit Hintergrundinformationen über die Auswanderung einzelner Personen sowie ganzer Familien.

Staatsarchive Niedersachsen
Niedersächsische Staatskanzlei – Referat 203 – Archivverwaltung
D-30169 Hannover Planckstr. 2
Tel.: +49/511/120-68 98, Fax +49/511/120-68 94
Referat203@stk.niedersachsen.de; www.staatsarchive.niedersachsen.de
Das Archiv besitzt Akten zur niedersächsischen Auswanderung und bietet ein Online-Findbuch zum Thema Auswanderung an. Die Einsicht in die Datenbanken bzw. Archive ist kostenpflichtig.

Handelskammer Bremen
Die MAUS – Gesellschaft für Familienforschung e.V. Bremen
D-28203 Bremen, Am Staatsarchiv 1
kwesling@nwn.de; www.passagierlisten.de
In diesen Archiven befinden sich die Passagierlisten der Jahre 1920–1939 von Bremer bzw. Bremerhavener Auswandererschiffen mit dem Ziel USA, Kanada oder Südamerika sowie die Passagierlisten und Namenskarteien von Auswanderern für die Zeit von 1946–1974. Eine Online-Recherche für die Jahre 1920–1939 ist möglich.
Dazu eine kleine Geschichte am Rande: In dieser hervorragenden

Datenbank fand ich nicht nur einige Verwandte, sondern auch den Großvater meiner Frau, der im Jahre 1925 an Bord der Columbus nach New York fuhr, um dort als Prokurist und Exportleiter des berühmten Möbelherstellers Thonet Kinosäle einzurichten. Bis dahin konnte niemand aus der Familie das genaue Datum der Ausreise, geschweige den Schiffsnamen oder ähnliches nennen.

Forschungsstelle Deutsche Auswanderer in den USA (DAUSA)
Prof. Dr. Antonius Holtmann
Brüderstraße 21 a
26188 Edewecht-Friedrichsfehn
Tel.: +49/04486/84 84, Fax: +49/04486/93 91 26
dausa@uni-oldenburg.de, www.dausa.de
Die DAUSA verfügt über 1586 Mikrofilm-Rollen mit Passagierlisten aus dem Bestand der National Archives, Washington, D.C.. Die Forschungsstelle übernimmt auch kostenpflichtige genealogische und biografische Nachforschungen.

USA

Ellis Island
American Family Immigration / History Center
www.ellisisland.org
Ein kostenloser Internet-Recherche-Service nach Auswanderern, die zwischen 1892–1924 in die USA immigrierten. Vorher müssen Sie sich unbedingt registrieren lassen (kostenlos), da Sie sonst keinen Zugriff auf die Datenbanken erhalten.

JewishGen, Inc.
2951 Marina Bay Dr., Suite 130-472
League City, Texas 77573
www.jewishgen.org/databases/EIDB
Bietet einen vereinfachten Zugang zur Datenbank von Ellis Island (www.ellisisland.org) sowie weitere Möglichkeiten einer genealogischen Recherche in verschiedenen Datenbanken.

The National Archives and Records Administration
700 Pennsylvania Avenue, N.W.
Washington, DC 20408
www.archives.gov
Online-Informationen zu den Einbürgerungsdokumenten, den so genannten „Immigration and Naturalization Records“. Dokumente können auf Mikrofilm erworben werden.

The Genealogical Society Library
The Church of Jesus Christ of the Latter Day Saints (Mormonen)
50 North Temple Street
Salt Lake City, Utah 84150
www.familysearch.org
Vorhanden ist ein Datenbank-Index von 60 Millionen Einwanderern, sowohl Mitglieder als auch Nichtmitglieder der Kirche. Auch Online-Abfragen sind möglich.

Ein Griff zur alten Heimat

In Sachen Familienforschung haben es all jene ziemlich gut, deren Wurzeln ins Burgenland, ins Ungarn der Habsburgermonarchie, aber selbst nach Kroatien reichen. Denn für diese Genealogen gibt es in den USA eine ganz spezielle Site, die jedoch nicht nur die Suche von den USA her nach Europa zulässt, sondern auch umgekehrt. Sie finden sie unter der Adresse www.spacestar.com/users/hapander/burgen.html.
Gegründet wurde sie von Gerald Berghold, einem Burgenland-Amerikaner, der über das Internet Kontakt zu Gleichgesinnten sucht, nämlich mehr über die alte Heimat in Erfahrung zu bringen. Und deshalb ist dieser lockere Verein – „Burgenland bunch“ – auch eine Anlaufstelle für Hobby-Genealogen geworden. Viele private Tipps und Hinweise können ebenso helfen wie die vielen Links auf der Hauptseite.
Noch mehr lässt sich erreichen, wenn Sie innerhalb dieser

Liste das Link Burgenland Bunch Internet Links anklicken (http://users.zoominternet.net/~kresh/bb_urls.html).
Außerdem kann man Burgenland Bunch per E-Mail anschreiben und sich mit seinem Problem direkt an die Mitglieder wenden. Ahnenforschungen führen sie nicht durch, aber vielleicht kann der eine oder andere hilfreich – weil er über eigene Erfahrungen verfügt – zur Seite stehen.

Wie verfolgen Sie die Spur weiter?

Gehen Sie von der Tatsache aus, dass Ihre Ahnen in der neuen Heimat schon nach kurzer Zeit zu deren Bürgern wurden. Und in dem Augenblick lebt bereits wieder ein Ansatzpunkt auf.
Da gibt es Datenbanken neuer Bürger, da gibt es Eintragungen in kirchliche Register, etwa wegen einer Hochzeit, da gibt es die staatlichen Volkszählungen und schließlich gibt es noch lange Listen über Beerdigungen auf diesem oder jenem Friedhof.
Wenn Sie einmal einen Ausgangsort haben, von dem Sie weitersuchen können, stehen die Chancen auf Erfolg recht gut. In jedem Fall wird es notwendig sein, dass Sie alle genealogischen Quellen des jeweiligen Landes nützen. Die schon vielfach zitierte Cyndi's List kann Ihnen ebenso eine wertvolle Hilfe sein wie die Suche im Google mit einem genealogischen Begriff und dem Land.

Ohne die Hilfe des Internets wird die Suche schwierig

Nur die wenigsten werden Geld und Zeit haben, lange Reisen mit noch längeren Aufenthalten zu unternehmen, nur um in Archiven nach Ahnen zu suchen. Dies ist den meisten von uns aus vielerlei Gründen verwehrt.
Natürlich gibt es die Möglichkeit einer schriftlichen Anfrage, aber an wen schreiben? Wen fragen? Wo liegen die Quellen, die Aufschluss geben können? Ein ungeahnt hoher Berg von Schwierigkeiten und Problemen türmt sich hier auf.

Mit Hilfe des Internets wird all das zwar kein Kinderspiel, aber dennoch um einiges leichter. Hier können Sie vieles auch mit E-Mails erreichen und müssen sich nicht mit der langwierigen Schneckenpost abmühen.

Denn eines muss an dieser Stelle gesagt werden: Es geht hier nicht allein um Auswanderer, oft genügt es, wenn die Wurzeln bloß in ein heutiges Nachbarland reichen. Auch dorthin wäre eine Fahrt langwierig, mühsam und nicht selten zu teuer.

Erinnern Sie sich noch an die kleine Geschichte aus den Kindertagen meiner Frau über den Ort Gottschallings im Zusammenhang mit dem Problem der Ortssuche?

Weder meine Frau noch ich wussten bis vor kurzem, ob dieser Ort nicht doch in der Zwischenzeit wieder aufgebaut wurde. Da fand ich auf einer Internetseite einen Link zu einem Nachbarort. Dort gab es auch eine E-Mail-Adresse. An einem Samstag schrieb ich dorthin: „Vielleicht können Sie mir bei der Suche nach den Ahnen meiner Frau helfen … Deshalb möchte ich wissen, ob es den Ort (Gottschallings) noch gibt und ob er bewohnt ist."

Zwei Tage später – Montag – schrieb mir Ing. Karl Muska, offenbar Inhaber einer Pension in Rudolec/Tschechien in makellosestem Deutsch zurück:

„Gottschallings gibt es leider nicht mehr. Dieser Ort war von Deutschen besiedelt und stand nach dem 2. Weltkrieg (nach der Abschiebung der Deutschen) leer. Nach der Erstellung des Eisernen Vorhanges wurden die Häuser abgerissen … An dem Ort befindet sich heute nur der Dorfteich, da und dort ein paar Mauerreste von den Häusern und zwei Betonsäulen der ehemaligen Grenzschranke der Zollstelle. Nach dem Abriss wurde der Platz bewaldet."

Gottschallings lag nur etwa 400 Meter nördlich von der österreichischen Ortschaft Klein Taxen entfernt.

Dazu sandte mir der freundliche und hilfsbereite Mann zwei

Karten über dieses Gebiet als Anlage. Danke, Herr Ing. Muska! So einfach kann Ahnenforschung im Internet sein, wenn Menschen miteinander kommunizieren.

Genau das Gleiche empfehle ich nun Ihnen, wenn Sie irgendwo in der weiten Welt nach einem Verwandten oder dessen Spuren suchen. Genieren Sie sich nicht, zu schreiben, zu fragen, zu ersuchen. Mehr als eine abschlägige Antwort oder gar keine zu erhalten, kann nicht geschehen. Aber ab und zu kann das Glück auch auf Ihrer Seite sein, und Sie können auf Menschen stoßen, die Ihnen gerne und hilfreich Auskunft geben.

Doch schon bei der ganz normalen Recherche ins Ausland stoßen Sie bestimmt auf gewisse Barrieren, ganz einfach weil Sie die Sprache nicht beherrschen. Einerseits können Sie es mit einem englisch oder deutsch abgefassten Brief versuchen (siehe Kapitel „Reden, schreiben, weitersuchen"), andererseits bieten aber auch hier die verschiedensten Familienforschungsseiten des Internet grandiose Hilfe. Denn dort finden Sie Vorlagen von Musterbriefen in den wichtigsten Sprachen, aber auch Formulierungshilfen für die unterschiedlichen Stellen. Eine der äußerst gut gemachte Sites findet sich unter www.genealogienetz.de, wo Sie unter dem Link „Vorlagen für Briefe an:" die entsprechenden Vorlagen finden, andererseits gibt es aber auch hier noch einen kostenlosen Übersetzungsdienst, der spezielle Anfragen – die sich aber ausschließlich auf ein Problem mit der Ahnenforschung beziehen dürfen – in die verschiedensten Sprachen übersetzt. Den Dienst finden Sie auf dieser Site unter dem Link „Transserv". In folgenden Sprachen können derzeit kurze Texte wechselweise übersetzt werden: Deutsch, Englisch, Französisch, Holländisch, Polnisch und Tschechisch.

Vorlagen für Musterbriefe gibt es ebenso auf der schon erwähnten amerikanischen Stammseite der Mormonen, also unter dem Link www.familysearch.org

Grundsätzlich ist dazu zu sagen: Diese Site ist ausschließlich englisch, das heißt, auch die Anweisungen zum Schreiben eines Briefes ins fremdsprachige Ausland können Sie nur verwerten, wenn Sie gut Englisch beherrschen. Die Briefe finden Sie, wenn Sie auf der Startseite links das Link „familiy history forms" anklicken. Dann erhalten Sie unter der Rubrik „Research helps" ein weiteres Link „Letter writing guide". Die Texte enthalten außerdem viele Informationen über das jeweilige Land sowie über das dort angewandte genealogische Archivierungssystem. Sie finden unter diesem Link Briefe in Tschechisch, Slowakisch, Finnisch, Französisch, Deutsch, Italienisch, Polnisch, Portugiesisch und Spanisch.
Wenn Sie also irgendwo im Ausland – mag es noch so fern sein – einen zarten Hinweis auf einen Verwandten entdecken, so nehmen Sie die Jagd auf. Wenn es gar nicht anders geht, per Post, oder suchen Sie per E-Mail nach Menschen, die Ihnen an Ort und Stelle helfen. Diese lassen sich finden. Und natürlich stehen Ihnen bei Ihren Problemen die großen Organisationen in aller Welt mit Rat und Tat zur Seite.

Andere Religionen – andere Volksgruppen

Antiziganismus – die Verfolgung von Roma und Sinti, die wir oft als „Zigeuner" verunglimpfen – und Antisemitismus – die Verfolgung der Juden – sind böse, unheilige Geschwister. Mörderische sogar.

In Europa gab es diese Tendenzen seit hunderten Jahren. Schon früh wurden die „Fahrenden" nicht nur auf Jahrmärkten bestaunt, als Kesselflicker ebenso wie als Handleser, und ebenso früh waren Juden als Geldverleiher willkommen und wurden deshalb sogar ins Land geholt, um sie später zu deportieren, einzusperren, abzuschlachten.
Die Konfrontationen mit anderen Religionen und anderen Volksgruppen endeten oft in einem Chaos, in Verzweiflung, in Folter, im meist grausamen Tod.

Die Nachforschungen bei Roma und Sinti sind ein Problem

Ahnenforschung auf diesem Gebiet ist äußerst schwierig. Vor allem, wenn es um Roma und Sinti geht. Man mag diesem uralten Kulturvolk, das eigentlich aus Indien stammt, vieles nachsagen, ebenso vieles entspringt der Fantasie, dem Wunschdenken, dass der andere so und gar nicht anders sein könne, einfach aus Hass gegen das Fremde, nicht Bodenständige.
Roma ist der Oberbegriff für alle Stämme Romanes sprechender Menschen. Dabei bedeutet ROMA Mensch, ROM ist die männliche Einzahl, ROMNI die weibliche. Etwa um 1000 herum wurden die Roma aus Indien vertrieben, dann zogen sie gegen

Westen und verbreiteten sich bald über ganz Europa. Sie waren und sind vielfach auch heute noch ein Wandervolk, gleichsam Nomaden, das auf vielerlei Art sein Leben fristet.
Kolonien dieses Volkes, das aus vielen Stämmen besteht, sind über ganz Europa, ja sogar die ganze Welt verstreut. Eine schriftlich festgehaltene Genealogie haben diese Wandernden nicht. Wenn Sie genealogische Fragen haben – weil vielleicht irgendein Verwandter, über den Sie mehr wissen wollen – aus Stämmen der Roma oder Sinti kommt, müssen Sie einerseits die allgemeinen Datenbanken konsultieren, und andererseits Kontakt mit den verschiedenen Roma- und Sinti-Organisationen aufnehmen. Meist sind das kleine Vereine, voll von lebenslustigen Menschen, in Deutschland, in Österreich, in der Schweiz, aber auch in Frankreich, in Spanien. Ein kleiner Nachteil: Sie decken nur äußerst beschränkt und regional ihre Erfahrungen, ihre Geschichte und natürlich auch in gewissem Maß genealogische Daten ab. Diese Gruppen können Sie finden, wenn Sie in einer Suchmaschine Roma bzw. Sinti und die Stichwörter Familienforschung, Ahnenforschung oder Genealogie eingeben.

Beim Judentum ist manches leichter, wenn auch von den Nazis viele der originalen Matriken vernichtet wurden.

Viel leichter ist es, jüdische Vorfahren aufzuspüren. Hier gibt es weltweit geradezu riesige Netzwerke, ungezählte Organisationen, Vereine und ebenso zahlreiche Sites im Internet. Wenden Sie sich für solche Fragen an IAJGS, die International Association of Jewish Genealogical Societies, Inc. Die Internetadresse lautet: www.jewishgen.org/ajgs. Die Seite ist nur in Englisch verfügbar, bietet aber eine Fülle von Informationen und auch Links zu mehr als 60 absolut internationalen – weltweiten – jüdischen Mitgliedsorganisationen.
Die meisten bestehen allerdings in den USA, wo es fast in jedem Staat einen jüdischen Genealogenverein gibt. Alle sind in die Dachorganisation IAJGS eingebunden, die ihren Sitz in den USA hat.

In Deutschland gibt es weitere Informationen bei der
Hamburger Gesellschaft für jüdische Genealogie e.V.
c/o Hannelore Goettling-Jakoby
D-22085 Hamburg, Heinrich-Hertz-Str. 37
Tel.: +49/40/428 31 31 38 oder +49/40/220 20 86
juergen.sielemann@staatsarchiv.hamburg.de
Kontakt: Hannelore Goettling-Jakoby (Präsidentin)
(HGoettling-Jakoby@t-online.de)
Jürgen Sielemann, Vizepräsident (juergen.sielemann@staatsarchiv.hamburg.de).

In der Schweiz hilft die
Schweizerische Vereinigung für Jüdische Genealogie
c/o Albert Sobol, Steinbühlallee 15, CH-4027 Basel
Tel.: +41/061/302 18 19
Fax: +41/061/302 18 19
albsobol@datanetworks.ch
www.eye.ch/swissgen/ver/jeinfo-d.htm
Kontakt: Albert Sobol, Präsident (albsobol@datanetworks.ch)
Daniel Teichman, Herausgeber des Newsletters (daniel.teichman@freesurf.ch).

In Österreich:
Auf der höchst bewährten und schon oft zitierten österreichischen Site des IHFF von Ing. Felix Gundacker gibt es auch hinsichtlich jüdischer Vorfahren Hinweise für weitere Nachforschungen:
Israelitische Kultusgemeinde
1010 Wien, Seitenstettengasse 4
Tel.: +43/01/53 10 40
http://ikg-wien.at/site/html/start.htm

Magistratsabteilung MA 61
1082 Wien, Rathaus
Tel.: +43/01/4000/830 61
post@m61.magwien.gv.at

Weitere umfangreiche Informationen und Recherchequellen liefert Cyndi's List unter www.cyndislist.com/jewish.htm. Allerdings sind die Informationen wie immer englisch.

Ebenfalls in Englisch finden Sie Hinweise in Biggis List – www.biggislist.de (Link: The Jewish Gen Familiy Finder – sowie Deutsch – ein Link zum Verein SCHALOM (Jüdische Friedhöfe in Österreich), außerdem – gleichfalls in deutscher Sprache – im Zentralarchiv zur Erforschung der Geschichte der Juden in Deutschland unter der Internetadresse www.uni-heidelberg.de/institute/sonst/aj/index.html.
Eine weitere interessante Site für alle jene, die jüdische Ahnen haben und suchen, ist eine Newsgroup von Microsoft, die sich GENPALS 2003 nennt. Sie finden Sie unter der Adresse http://groups.msn.com/Genpals2003/home.htm. Dort müssen Sie in der linken Spalte das Link „Jewish genealogy" anklicken. Auf der darauf folgenden Seite finden Sie eine Reihe von ausgezeichneten Links. Viele konzentrieren sich allerdings auf die Suche in den USA oder den Niederlanden. Über die hervorragende Newsgroup, die international von Amateurgenealogen betrieben wird und ständig an Größe gewinnt, kann ich wegen ihrer großen Verlässlichkeit bestens empfehlen.
Es gab und gibt innerhalb der Genealogie in jüdischen Gemeinden schon vor dem 19. Jahrhundert eigene Verzeichnisse, in denen Beschneidungen, Hochzeiten und Beerdigungen festgehalten wurden. Die Schwierigkeiten ergeben sich jedoch dadurch, dass sie in hebräischer Sprache abgefasst sind, die selbst von Juden nur selten gelesen und verstanden werden können.

Ebenfalls vielfach der Verfolgung – speziell im 16. und 17. Jahrhundert – ausgesetzt waren die Hugenotten, wie die calvinistischen französischen Protestanten genannt wurden. So etwa floh, als Ludwig XIV. Frankreich regierte, ab 1665 eine Viertelmillion Hugenotten in die umliegenden protestantischen Länder, viele von ihnen nach Deutschland. Erst die französische Verfassung beendete die Verfolgungen.

Französische Protestanten

Auf der Suche nach dieser Religionsgemeinschaft gibt es auf der Site www.hugenotten.de/u/linkliste.html eine umfassende Linkliste, die viele europäische Staaten, die USA und Südamerika, aber auch die den Hugenotten nahe stehende Gruppe der Waldenser behandelt.

Bei der sicherlich äußerst schwierigen Suche innerhalb anderer Religionsgemeinschaften und Volksgruppen müssen Sie immer die Regel Nr. 1 der Ahnenforschung einhalten:

Verlieren Sie sich niemals in Details und Spekulationen. Lassen Sie nur ja nicht Ihrer Fantasie freien Lauf, sondern gehen Sie immer – nach der alten Weise – ganz streng methodisch vor. Dann haben Sie die besten Chancen auf Erfolg.

Alte Schriften lesen ist nicht einfach

„Da steh' ich nun, ich armer Tor, und war so klug als wie zuvor" – so geht es vielen Amateurgenealogen, vor allem wenn sie jüngeren Semesters sind und nicht in ihrer Jugend in der Schule ein wenig Kurrent lesen und schreiben lernen mussten. Heutzutage betrifft das sicherlich sehr viele.

Ein frustrierendes Erlebnis

Endlich wurde ein Hinweis auf ein wichtiges Dokument entdeckt. Das Archiv wird aufgesucht, der Bibliothekar bringt den gesuchten Band. Man schlägt ihn auf – und kann nichts lesen. Ich selbst stand einmal vor diesem Problem, als ich endlich in den würdigen Räumen des Haus-, Hof- und Staatsarchivs in Wien vor Verzeichnissen alter Flugschriften aus dem 16. Jahrhundert saß, die ich beim ersten Besuch nicht entziffern konnte. Bei meinem zweiten – dazwischen waren einige Wochen des Lesenlernens vergangen – fiel es mir leichter.

Denn eines muss sich der „junge" Ahnenforscher klar sein: Alte Matriken, Kirchenbücher, ja alte Schriften schlechthin sind genau das Gegenteil des heutigen Bildschirms. Alles unleserlich, klein, verblasst, verschmiert, verschnörkelt.

Dazu kommen Abkürzungen, bisweilen lateinische Wörter, dazu kommen Begriffe, die längst aus unserem Sprachgebrauch verschwunden sind. (Ich denke nur daran, als ich das erste Mal in meinem Leben das Wort „bresthaft" hörte. Keine Ahnung, dachte ich mir damals, was ist denn das? Ja, es ist

nichts anderes, als die uralte Bezeichnung für krank und siech. Aber das muss man eben wissen.)
Ja, und die so praktische Suchfunktion, die jeder PC-Benutzer schätzen und lieben gelernt hat – die Suchmaske ctrl F – gibt es natürlich auch nicht.

Viele Wege führen „nach Rom" …

Um das Problem des Lesens alter Schriften zu lösen, können Sie verschiedene Wege gehen. Sicherlich der einfachste: Sie finden jemanden in Ihrer Familie oder im Freundes- und Bekanntenkreis, der Sie bei Ihrer Ahnenforschung in die Archive begleitet und Ihnen auch sonst für Übersetzungen hilfreich zur Seite steht.
Ein zweiter, wesentlich mühevollerer Weg ist der, diese Schriften selbst lesen zu lernen. Dazu gibt es einerseits Kurse (auch von Volkshochschulen angeboten) in den verschiedensten Preiskategorien und auch viele Fachbücher für ein Selbststudium. Dies ist aber alles mit Kosten verbunden.
Es gibt auch Personen bzw. Agenturen, die solche Dienste kommerziell anbieten. Grundsätzlich ein einfacher Weg mit gewissen „Haken":
Erstens sind solche Dienste nicht ganz billig, zweitens müssen Sie Kopien anfertigen (oder anfertigen lassen), die aber häufig noch schlechter als das Original zu lesen sind. Oder Sie müssen eigene „heilige" Dokumente im Original aus der Hand geben. Das ist wohl sicher nicht jedermanns Sache. Im Übrigen: meine auch nicht!
Eine dritte Möglichkeit wäre noch eine digitale Fotografie, deren Realisierung aber leider nicht überall möglich ist. So haben etwa tschechische Archive gerade in letzter Zeit das Fotografieren der Schriftstücke verboten. Verständlich. Sie riskieren lieber deren Beschädigung beim Kopieren und streifen dafür die mitunter saftigen Gebühren für die Kopien ein.
Egal, ob nun gute Kopien oder Digitalfotos: Wenn Sie solche

Texte beim besten Willen nicht entziffern können, haben Sie noch eine – kostenlose – Chance. Schicken Sie den Text als elektronische Beilage (also als elektronisches Foto oder gescannt) an eine passende Newsgroup und bitten Sie um Hilfe. Sie werden mit großer Wahrscheinlichkeit Antwort erhalten.

Die letzte Variante: Beißen Sie sich durch und beginnen Sie gleichsam ein Selbststudium. Ihr grandioser Helfer ist wie schon so oft das Internet. Denn hier werden die einzelnen Schriften nicht nur genau beschrieben, es gibt sogar Fonts, die – auf den Rechner geladen – es ermöglichen, selbst in diesen alten Schriften zu schreiben. Und da manche Menschen beim aktiven Mitmachen leichter lernen, ist das bestimmt eine vernünftige Alternative.

Ein Kurs am PC Am Beispiel der Sütterlinschrift können Sie sich das Sütterlin Lernprogramm SLP 2000 auf Ihren Computer laden. Es ist derzeit so genannte Freeware (kostenlos zum Download). Den Programmentwicklern genügt – wenn Sie damit zufrieden sind – eine freiwillige Spende, die für soziale Zwecke verwendet wird. Das Programm finden Sie unter www.uni-saarland.de/~m.hahn/slp2000.htm. Unter dem Link (links im Menü) „Wie funktioniert SLP 2000“ finden Sie im Text ein weiteres Link für den Download.

Auf der Site unter der Internetadresse http://ahnenforschungen.de/apps/Populaer/seite2.php gibt es weitere Freeware-Programme zum Erlernen alter deutscher Schriften.

Wohlgemerkt, ich selbst habe keines dieser Schriften-Programme getestet, da ich mich einer anderen, höchst angenehmen Hilfe bediene, um alte Texte zu lesen: meiner Schwiegermutter …

Selbst wenn Sie eine der alten Schriften gut lesen können, gibt es trotzdem noch andere Fallen, Stolpersteine und Hindernisse in den Texten, die Sie zur Verzweiflung treiben können. Etwa alte Maße, Gewichte, Krankheits- oder Berufsbezeichnungen. Doch auch hier können Sie sich helfen: Der deutsche Genealogieserver www.genealogienetz.de bietet auf seiner Startseite unter „Umrechnungstabellen" sowie unter „Begriffe, Symbole" nützliche Erklärungen an. Einmal ausgedruckt können Sie sich bestimmt viel Arbeit, Mühe und so manches Frusterlebnis ersparen. Ein gut gemachtes Online-Lexikon für all diese Probleme (auch für lateinische Ausdrücke) finden Sie unter http//:ahnenforschung.net/lexikon/. Die Eingabe ist einfach – das Ergebnis höchst zufrieden stellend (vor allem, wenn Sie im Pulldown-Menü „alle" auswählen und im unteren Kästchen „ähnliche Begriffe" ankreuzen).

Ein weiteres Latein-Wörterbuch, das als Shareware in einer Testversion (Freischaltung für die Vollversion kostet 15 Euro) zum Download zur Verfügung steht, finden Sie unter der Internetadresse www.latein-woerterbuch.de/latein/text.htm.

Großer Vorteil: Für alle, die Latein gar nicht können oder einfach vergessen haben, gibt es eine wunderbare Hilfe für das Übersetzen dieser faszinierenden Kultursprache. Deklinierte, konjugierte und zusammengesetzte Formen werden erkannt, in die Grundform zurückgeführt und übersetzt.

Das Programm ist nicht nur äußerst hilfreich, sondern auch hervorragend gemacht. Langweilig wird es nur so lange, ehe man sich für die erwähnten 15 Euro registrieren lässt: Am Bildschirm erscheint dann nämlich nach jeder Eingabe die Registrierungs-Aufforderung, die gewaltigen Wartestress erzeugt …

Ahnen- und Familienforschung ist also nicht nur grundsätzlich ein äußerst spannendes Hobby, das des Öfteren viele Probleme aufwirft, die es zu bewältigen gilt. Auch die verschiedenen „Randbezirke" können es durchaus in sich haben!

Eines Tages versperrt eine Mauer den Weg

„Brickwall“ – also Ziegelmauer – nennen die amerikanischen Genealogen, die in der Familienforschung einige Jahrzehnte Vorsprung haben, eine solche Situation. Ein Begriff, der wirklich das ausdrückt, was Sache ist: Sie stehen tatsächlich vor einer Mauer und können nicht mehr weiter.

Im Deutschen würden wir die „brickwall“ mit einem „toten Punkt“ übersetzen. Auch dieser Begriff trifft genau ins Schwarze.

Es gibt viele Gründe für solche „brickwalls“, für „tote Punkte“. Das kann eine Adoption in einer Familienkette sein ebenso wie ein unehelich geborenes Kind (wo der Vater einfach im Nichts der Geschichte verschwand), das kann ein „unterschobenes“ Kind sein (also eines, dessen „offizieller“ Vater mit dem leiblichen in keiner Weise übereinstimmt); das kann ein Kind sein, dessen ledige schwangere Mutter aus Mitleid oder welch Gründen auch immer vor der Geburt geheiratet wurde, nur um der „Schande“ zu entgehen.

Dazu kommen noch die vielen Lücken, die im Lauf der Geschichte einfach entstanden sind. Lücken in den Archiven durch Feuersbrünste, Kriege, Vandalismus, durch Auflösung von Gemeinden, durch Schleifen ganzer Orte und vieles andere mehr. All das reicht durchaus, damit auch Sie vor einer Mauer stehen und nicht mehr weiter wissen.

Sie brauchen viele gute Helfer

In einer solchen Situation schaffen Sie es sicher nicht, den Karren allein aus dem Schlamm zu ziehen. Nun brauchen Sie viele Helfer. Es müssen nicht unbedingt erfahrene Genealogen sein, es können auch einfach Menschen sein, die hilfsbereit sind und die Ihnen der Zufall schickt.
Doch solche Menschen müssen Sie suchen. Und eines darf ich Ihnen dazu sagen: Sie finden sich nicht wie ein Stückchen Papier auf der Straße, das Sie nur noch aufzuheben brauchen.

Newsgroups

Ein bewährter Weg, solche Menschen aufzuspüren, sind die unzähligen Newsgroups im Internet. Hier können Sie selbst die unmöglichsten Suchanfragen stellen. Amateur-Ahnenforscher erweisen sich überall als äußerst hilfsbereites Völkchen, ganz einfach auch deshalb, weil sie nach der Devise denken: Eine Hand wäscht die andere und beide das Gesicht.
Wichtig dabei ist es, dass Sie sich an die richtige Newsgroup wenden. Es hat etwa für einen Österreicher, dessen Ahnen im Raum Tschechien, Ungarn und Slowenien lebten, kaum Sinn, in norddeutschen Newsgroups Suchanfragen zu stellen. Mehr Erfolg versprechen da die richtigen Adressen, etwa die Newsgroup, die sich ausschließlich mit Altösterreichern aus Ungarn befasst.
Alles funktioniert nach dem Prinzip: Was der eine nicht weiß, könnte der andere wissen, wobei das Wissen für eine geografische Region, aber auch eine Religion oder eine Volksgruppe meist stark eingegrenzt ist.
Eine tolle Newsgroup dieser Art ist GENPALS 2003, die sich im Internet unter der Patronanz von Microsoft gebildet hat.
Sie finden sie unter der Adresse http://groups.msn.com/Genpals2003/home.msnw. In dieser Newsgroup haben sich Ahnenforscher aus aller Welt, aber vorwiegend aus den Niederlanden, USA, Kanada und Australien, aber auch aus Deutschland und Österreich zusammengefunden.

Neben vielen Links, die aus dem Menü anwählbar sind und spezielle Bereiche behandeln (etwa I. Weltkrieg, II. Weltkrieg), gibt es auch ein Link mit dem Namen „brickwalls“. Wer ihn anklickt, hat die Möglichkeit, hier Fragen zu stellen. Die Mitglieder der Site bemühen sich dann, mit den ihnen zur Verfügung stehenden Mitteln – Verzeichnissen, CDs usw. – bei der Überwindung des „toten Punktes“ zu helfen.

Kommen Sie ins Gespräch

Ebenso gute Möglichkeiten, einen „toten Punkt“ zu knacken, haben Sie, wenn Sie in der Suchregion, also Ihrem geografischen Zielgebiet, möglichst viele Kontakte knüpfen. Wenn Sie im Internet sind, kostet das kaum etwas, wenn Sie reisen müssen, wird es sicherlich teuerer, unter Umständen sogar empfindlich teuer. Andererseits aber können Sie vor Ort so manches in Erfahrung bringen, was Ihnen bei einem bloßen E-Mail-Kontakt verborgen bleiben würde.

Ich denke da in erster Linie an unsere östlichen Nachbarländer. In möglichst alten Gasthäusern, in kleinen Pensionen, ja selbst in Pfarrämtern können Sie – ein wenig Glück vorausgesetzt – auf Menschen stoßen, die Ihnen in dieser Richtung weiterhelfen. Seien Sie freundlich und bescheiden, fordern Sie nicht, bitten Sie! Bei so manchen älteren Menschen werden Sie gerade in diesen Staaten ein offenes Ohr finden. Dies umso mehr, als sicherlich viele nach der EU-Erweiterung die Scheu verloren haben, deutsch zu sprechen und vielleicht auch von früher erzählen. Diesbezüglich haben Sie zumindest die neueste Geschichte auf Ihrer Seite.

Das Problem der Überwindung „toter Punkte“ ist ein wesentlicher Bestandteil des Erfahrungswissens in der Familienforschung und deshalb ein immer wiederkehrender Punkt bei den Arbeitstreffen genealogischer Vereine.

Das Ergebnis ist meist dasselbe. Nochmaliges Durchsehen der zur Verfügung stehenden Kirchenbücher (auch um eigene

Fehler auszuschließen), Erfassen aller Daten zur Person selbst (Rückrechnen des Geburtsjahrs aus dem Sterbejahr) sowie das Notieren aller Varianten in der Schreibweise von Personennamen und Orten. Letzteres ist ganz besonders wichtig, weil gerade auf diesem Gebiet in der Schreibweise – die Namen wurden ja häufig nur so geschrieben, wie es der Schreiber hörte – viele „Fehler" verborgen sind.

Als weitere Maßnahme darf ich Ihnen raten, nach dem verschwundenen Ahnen in einem weiteren Umkreis als bisher zu suchen, also auch in Nachbardörfern oder Nachbarstädten. Dabei müssen Sie aber immer eine Art Plausibilitätskontrolle durchführen – das heißt, sich stets die Frage stellen: Können die gefundenen Daten mit meinem Ahnen zusammenpassen, treffen sie auf ihn zu, handelt es sich vielleicht um eine Namensgleichheit. Gibt es viele Übereinstimmungen oder nur ganz wenige. Wenn Sie hier nicht vorsichtig zu Werk gehen, werden Sie rasch auf einer völlig falschen Fährte landen, die vieles ins Gegenteil verkehren kann.

Namensvarianten in Betracht ziehen

Apropos Namensgleichheit: Auch eine andere Möglichkeit gibt es noch zum Weiterforschen, wenn Sie vor einer Mauer stehen. Denken Sie daran, dass sich der Name Ihres Verwandten unter Umständen durch einen (schlimmstenfalls sogar mehrere) falsch geschriebenen, falsch übernommenen, falsch gehörten oder gelesenen Buchstaben verändert haben kann.

In einem solchen Fall kann nur das Glück weiterhelfen, wenn etwa aus einem Huber ein Haber oder ein Heber geworden ist. Dies ist nur ein denkbar einfaches Beispiel für die vielen Variationsmöglichkeiten.

Vor allem in amerikanischen genealogischen Suchmaschinen ist deshalb auch eine Suche nach phonetischen Alternativen eingebaut. Im Normalgebrauch wird sie Ihnen allerdings oft auch sehr verblüffende, ja sogar viele äußerst unwahrscheinliche Ergebnisse liefern.

Egal, was Sie als Ergebnis erhalten: Sie dürfen es für Ihre weiteren Forschungen nur als sicher übernehmen, wenn Sie es bis ins kleinste Detail überprüft haben. Stellen Sie alles in Frage, aber überprüfen Sie ebenso alles unter dem Gesichtspunkt „Könnte das richtig sein?“

Wenn Sie z. B. wissen, dass der von Ihnen gesuchte Ahne „Schuhmacher“ war, dann darf Sie der Hinweis, eine möglicherweise mit Ihnen verwandte Person – die Sie endlich nach langer Suche gefunden haben – sei Handwerker gewesen, nicht von vornherein abschrecken, weil die beiden Bezeichnungen – Schuhmacher bzw. Handwerker – einander nicht völlig ausschließen.

Notieren Sie aber in einem solchen Fall unbedingt die Daten und ebenso, wo der eine oder andere Vermerk steht. Ein Mensch, der – um beim gewählten Bespiel zu bleiben – einmal Schuster war, könnte zu einem späteren Zeitpunkt durchaus in einem anderen handwerklichen Beruf gearbeitet haben.

Genealogische Kriminalistik kann Ihnen hier ebenso helfen wie ein Grundgesetz des Journalismus: Check und recheck! – Kontrolle und Gegenkontrolle! Eine gesunde Portion Sturheit und Konsequenz gehört sicherlich auch dazu, wenn Sie die Mauer durchbrechen wollen, die Ihnen bislang den Weg zu anderen Ahnen versperrte.

Irgendwann geht es wirklich nicht mehr weiter

Sie haben geforscht und gesucht, Sie haben so manche, bisweilen undurchdringlich scheinende Mauer zum Einsturz gebracht, Sie haben „tote Punkte“ überwunden, doch eines Tages kommt der Augenblick, wo Sie beim besten Willen nicht mehr weiterkönnen und auch nicht weiterkommen.

Das ist eine in der Genealogie – der Ahnen- und Familienforschung – durchaus „normale“ Erscheinung. Wenn Sie wirklich einmal an diesem Punkt angelangt sind, lassen Sie sich nicht von Frustration, Ärger und Unzufriedenheit den Spaß an Ihrem Hobby nehmen. Geben Sie nicht mit dem Gedanken auf „Ich habe viel zu wenig erreicht“, sondern seien Sie stolz auf Ihre Erfolge, auf all das, was Sie gefunden und geschafft haben.

400 Jahre zurück sind meist die „magische Grenze“

Denn wenn Sie nicht zu einem der ganz großen Adelsgeschlechter gehören, für die seit Anbeginn Familienmitglieder, deren Funktion und deren gesamtes Leben peinlich genau festgehalten wurde, ja wenn Sie also zu einer ganz „normalen“ Familie gehören, dann ist eben irgendeinmal mit der Forscherei Schluss. Dann geht es in der Zeit einfach nicht mehr weiter zurück. Das hat viele gute Gründe, wenngleich es hier keinen klaren Schnitt gibt, sondern wie überall in Geschichte und Forschung die Übergänge fließend und regional höchst unterschiedlich sind.

Da kann es sein, dass Familienforscher in Deutschland noch in der Zeit des frühen 16. Jahrhundert etwas finden, während vielleicht andere in Österreich oder in Ungarn bereits ein oder zwei Jahrhunderte früher auf ein „Ende“ stoßen. Die Ursachen sind ebenso vielfältig wie vielschichtig. Kriege, Unruhen, Glaubensstreit und seine Folgen, Vertreibungen, Brände, Fluten, Verwüstungen – die Liste wäre sehr lang, würde man all diese Gründe anführen, die zum Versiegen der Quellen führen.

Hinzu kommen freilich noch andere, wie etwa Familienzwistigkeiten, „schandhafte“ Frauen, wirtschaftlicher Bankrott, der nicht selten zu einem Fortgehen, zu einem Vertreiben von Haus und Hof führte, andererseits aber ebensolcher Aufschwung, der eine Verlagerung in eine andere Gesellschaftsschicht zur Folge hatte.

Wenn sich einmal die „toten Punkte“ aneinander reihen, wenn die eigenen Aufzeichnungen nur noch mit Fragezeichen versehen werden können, dann ist dieser Zeitpunkt gekommen.

Das Ende, das kein Ende ist

Er bedeutet aber keinesfalls, dass Sie nun all Ihre Arbeit einmotten oder stilllegen müssen. Nein, das ist nicht der Fall. Sie können nur nicht mehr weiter zurück in die Vergangenheit, zurück noch zu älteren Ahnen. Aber Sie können (und sollten) versuchen, sicherlich vorhandene Lücken zu schließen. „Verbreitern“ Sie Ihren Stammbaum, ergänzen Sie und bringen Sie Farbe in das Leben Ihrer Ahnen. Erkunden Sie deren Lebensumstände und Lebensbereiche. Wie verdienten sie ihr Brot, wo und wie wohnten sie? Mit welchen Schwierigkeiten hatten sie zu kämpfen? Wodurch zeichneten sie sich aus?

Ebenso können Sie nun – nachdem Sie in Ihrer Hauptlinie zu einem Stopp gekommen sind – andere interessante Zweige der Familie erforschen, etwa: Wie ging es mit dem Bruder Ihres Vaters weiter oder dessen Schwester?

Sie sehen, der Forschungsbereich ist geradezu unendlich weit, und er endet keineswegs wegen eines erzwungenen Stillstandes auf einem Weg. Es gibt viele solcher Wege. Sie müssen dann nur die Kraft, das Engagement und die Freude an der Sache haben, einen neuen zu gehen. Und eines ist sicher: Sie werden wieder auf viel Spannendes, Interessantes, Informatives stoßen, und die Erfahrungen, die Sie bis dahin gemacht haben, werden Ihnen dabei eine große Hilfe sein.

Nicht allein, vielmehr gemeinsam

Behalten Sie Ihr Wissen und Ihre Erfahrungen nicht für sich! Seien Sie kein Einzelkämpfer. Genealogie verbindet nicht nur über Zeit und Raum, es verbindet auch Menschen miteinander, die ein gemeinsames Ziel haben: ihre Familie und deren Leben zu erforschen. Sie können das im kleinen Kreis mit Gleichgesinnten – etwa einem genealogischen Verein – machen, aber auch in den Foren und Newsgroups des Internets. Familienforschung ist kein Hobby für ein stilles Kämmerchen, es verlangt vielmehr Kommunikation, Aufgeschlossenheit und vor allem ein permanentes Miteinander (und hier sind offizielle Stellen, Archive und Pfarrämter sicher mit eingeschlossen).
Und bedenken Sie noch einen kleinen zusätzlichen Nutzen neben Ihren Erfolgen als Forscher: Sie werden eine ganze Menge an geschichtlichen, geografischen und kulturhistorischen Einzelheiten erfahren, die bis dato spurlos an Ihnen vorübergegangen sind.

Wichtige Ratschläge, Tipps und Hinweise

An verschiedenen Stellen dieses Buches habe ich Ihnen bereits Ratschläge, Tipps und Hinweise gegeben. Jetzt, wo es dem Ende zugeht, möchte ich diese noch einmal zusammenfassen und ordnen.

Beginnen Sie Ahnenforschung niemals mit eigenen Wünschen und Vorstellungen – „so könnte es ja durchaus gewesen sein", „wie schön wäre es, wenn …", – denn ein solches Verhalten führt Sie garantiert auf Irrwege. Schalten Sie Ihre Fantasie aus, bleiben Sie auf dem Boden der Realität, auf dem Boden der Tatsachen, der schriftlichen Quellen, der dokumentierten verbrieften Unterlagen.

Legen Sie sich ebenfalls gleich zu Beginn eine Art „Schlachtplan" zurecht. Überlegen Sie sich genau, wie Sie vorgehen wollen. Überschlafen Sie dann Ihren Entschluss. Erst wenn Sie ihn für richtig befunden haben, sollten Sie beginnen. Aber halten Sie sich dann genau an ihn. Sonst besteht die Gefahr, dass Sie sich verzetteln.

Von Beginn an müssen Sie alles (!), also jeden Ihrer Schritte auf dem Gebiet der Ahnenforschung, schriftlich festhalten und dokumentieren. Sonst verlieren Sie bald den Überblick. Denn im Lauf der Zeit werden es viele kleine Schritte werden. Wenn Ihnen irgendwo ein Fehler unterläuft, sind Sie im Dickicht Ihres (Un)wissens verstrickt. Nur eine genaue Dokumentation kann Ihnen dann helfen, jene Stelle zu finden, von der aus Sie einen falschen Weg beschritten haben. Am

besten und einfachsten ist es, wenn Sie alles mit Hilfe eines Computers festhalten können.
Informieren Sie sich rechtzeitig über Ihre Forschungsmöglichkeiten. Fachliteratur kann Ihnen dabei helfen, und natürlich ist der Zugang zum Internet Wissens-, Erfahrungs- und Kommunikationsquelle Nr. 1!

- Nützen Sie das Internet aber immer erst in zweiter Linie zur Suche nach Ahnen. Suchen Sie dort vor allem Informationen über Orte, Archive, über Personen, die Ihnen bei der Ahnensuche helfen können. Nützen Sie E-Mail, Newsgroups und Mailinglisten neben den vielen erwähnten Portalen und Sites, die sich mit Genealogie befassen.
- Egal was Sie bei der Ahnenforschung machen, ob Sie einen Brief mit der (Schnecken)-Post wegschicken oder blitzschnell per E-Mail: Fassen Sie sich immer ganz kurz, und seien Sie äußerst höflich, denn Unhöflichkeit verschließt bekanntlich Tür und Tor. Schreiben Sie so, dass jeder sofort weiß, was Sie brauchen.
- Fügen Sie allen Anfragen, die Sie auf normalem Postweg wegschicken, immer Rückporto (internationaler Antwortschein) bei. Sie verärgern sonst die Menschen, von denen Sie etwas wollen. Die Wahrscheinlichkeit, dann eine Antwort zu bekommen, ist äußerst gering.
- Vergessen Sie nicht – wenn Sie von einer der Stellen, die Sie angeschrieben haben, Antwort bekommen haben – sich zu bedanken. Bei E-Mails geht das einfach und schnell, aber scheuen Sie sich auch nicht, ein kurzes Danke an jene Personen zu schicken, die Ihnen geholfen haben. Vielleicht benötigen Sie gerade von einer dieser Stellen noch einmal Hilfe …
- Werden Sie bei der Ahnen- und Familienforschung nie ungeduldig. Zu den größten Fehlern zählt es, jemanden, den man um etwas gebeten hat, zu drängen.

- Vergessen Sie nie, einen Vertrag zu schließen, wenn Sie Teile Ihrer Forschungsarbeiten außer Haus geben. Dies gilt natürlich in erster Linie, wenn Sie Berufsgenealogen beauftragen. Aber Sie sollten auch bei privaten Personen ein Honorar für ihre Dienste vereinbaren, ehe sich diese an die Arbeit machen.
- Unordentliche Papierstapel, irgendwo flüchtig geschmierte Notizen und Ähnliches können Sie schon in kurzer Zeit bei Ihrer Forschungstätigkeit zur Verzweiflung bringen oder gar in die Irre führen. Peinliche Genauigkeit ist daher oberstes Gebot!
- Behalten Sie die Ergebnisse Ihrer Forschungen nicht für sich. Denn was Sie herausgefunden haben, kann vielleicht auch anderen Ahnen- und Familienforschern helfen.
- Denken Sie bitte unbedingt an die Kosten, ehe Sie einen Berufsgenealogen mit irgendwelchen Forschungen beauftragen, sonst könnten Sie nachher böse Überraschungen erleben. Lesen Sie alles genau durch, bevor Sie einen Auftrag oder einen Vertrag unterschreiben.

Anhang

Die wichtigsten Adressen für Ihre Internetsuche

Die großen internationalen Suchmaschinen

www.google.com

Die amerikanische Stammseite der Super-Suchmaschine. Sie liefert blitzartig die meisten Links, aber nicht immer die besten (dennoch: Ich bin ein Google-Fan!).

http://c.asselin.free.fr/french/googlewelt.htm

Auf dieser Site finden Sie die regionalen, länderspezifischen Suchmaschinen von Google.

www.altavista.com

www.lycos.com

www.yahoo.com

www.alltheweb.com

www.northernlights.com

Das alles sind die internationalen Adressen der großen Suchmaschinen. Selbstverständlich gibt es von allen – wenn auch nicht im gleichen Umfang – länderspezifische Varianten.

http://suchfibel.de/3allgem/index.htm

Hier finden Sie viele Suchmaschinen, die weltweit und/oder regional arbeiten.

Zum „fit machen" Ihres Computers:

www.f-prot.com/index2.html

www.Symantec.com/region/de/

Zwei gute bewährte Virenschutzprogramme.

www.Ad-aware.de

Schutz vor Spionageprogrammen.

www.babylon.com

Zur schnellen Wortübersetzung.

www.toolbar.google.de

Ein hilfreicher Zusatz für die Suchmaschine GOOGLE.

www.dialercontrol.de

Dialer-Schutz-Software.

www.auskunft.at

Telefonnummern aus aller Welt und noch viel mehr.

www.moonsoftware.com

Von dieser Site können Sie sich gratis das praktische Tool „Bookmark Wizard" laden und Ihre Bookmarks verwalten.

www.adobe.com

Laden Sie hier gratis den ADOBE-Reader. Damit können Sie viele Internetseiten lesen und auch ganze Bibliotheken durchstöbern.

Mehr Informationen über das Internet

http://come.to/internetkurs

Im Kurs erfahren Sie, wie das Internet funktioniert.

http://home.sampo.de/rieper/webkurs.htm

Noch einmal ein Kurs, diesmal mit vielen genealogischen Informationen und Links zum Weitersurfen.

Hier finden Sie Archive

www.archive.nrw.de

Die wohl beste Archivsammlung der Welt, vor allem für Österreich, Deutschland und die Schweiz. Neben Adressen auch Telefon- und Faxnummern oft sogar Öffnungszeiten, bisweilen E-Mail-Adressen.

Kostenlose Hilfe bei den Mormonen

www.familysearch.org

Das ist die englische Homepage.

www.genealogienetz.de/faqs/LDS.html

Hier können Sie die internationalen Forschungsstellen suchen und direkt ansteuern.

www.gfs-austria.org/downloads.php

Hier gibt es gratis PAF, das Personal Ancestral File; daneben finden Sie auf dieser Site auch alle Forschungsstellen Österreichs.

Informationen über Newsgroups

www.rootsweb.com/~jfuller/gen_use.html

In englischer Sprache.

http://ahnenforschungen.de/genlink/Informationsaustausch/Newsgroups/

In Deutsch und Englisch.

http://tipps.ahnenforschung.net/ng/

Eine Liste internationaler Newsgroups.

Für die Arbeit in Newsgroups

www.www-kurs.de/newgroup.htm.

Lernen Sie das Arbeiten in Newsgroups.

Auch Mailinglisten sind wichtig

www.rootsweb.com/~jfuller/gen_mail.html

Englische Mailinglisten.

http://list.genealogy.net/mailman/listinfo

Mailinglisten für den deutschsprachigen Raum und ehemals deutsche Gebiete.

Für die Arbeit in Mailinglisten

www.netplanet.org/netiquette/

www.usenetverwaltung.org/netiquette/

Auf beiden Sites erfahren Sie alles über die Netiquette, also den richtigen Umgangston bei der Kommunikation im Internet.

Kostenlose Internetquellen für die Familienforschung

http://genealogy.about.com/cs/free_genealogy/a/free_sites.htm

Englisch; mit guten Tipps der amerikanischen Genealogin Kimberly Powell. Auf dieser Site sind alle 101 Tipps vereinigt, die Sie nacheinander abrufen können. Hier eine Auswahl der besten und praktikabelsten:

www.rootsweb.com

Die Site bietet viel Interessantes, doch die RSL-Roots-Surname-List mit einer Million Namen ist stark Amerika lastig. Gut: das Lookup Service.

Nur noch teilweise gratis, wurde von ancestry.com geschluckt.

www.interment.net

Daten über vier Millionen Gräber, allerdings vorwiegend in den USA, kaum in Europa.

www.worldgenweb.org/countryindex.html

Hier gibt es unter Österreich Daten, die auch die Länder der alten österreichisch-ungarischen Monarchie betreffen.

www.archives.ca

www.bcarchives.gov.bc.ca/index.htm

Wurzeln, die nach Kanada führen.

www.familiysearch.org

Die Stammseite der Mormonen ist es wert, dass man sie gründlich durchstöbert.

www.ellisislandrecords.org

Eine berühmte Site bei Genealogen. Auf dieser Insel liefen zwischen 1882 und 1924 die meisten Einwandererschiffe aus Europa an.

http://freebmd.rootsweb.com

Ahnensuche, wenn es Wurzeln in England und Wales gibt.

www.helplist.org

www.ancestralfindings.com

Beide Sites für Gratishilfe bei der Ahnenforschung.

www.geneanet.org

Eine grafisch sehr schöne Site aus Frankreich mit vielen Datenbanken und guten praktischen Links. Acht Sprachen – darunter Deutsch – sind wählbar.

www.immigrantships.net

Passagierlisten vieler Emigrantenschiffe, die in anderen Häfen als Ellis Island anlegten.

www.volksbund.de/graebersuche/

Gräber von mehr als zwei Millionen deutschen Soldaten des I. und II. Weltkrieges.

www.jewishgen.org

Hilfe, wenn es jüdische Wurzeln gibt.

www.mycinnamontoast.com

Untersuchung von internationalen Web-Sites nach bestimmten Kriterien.

www.olivetree.com

Mehr als 1500 Datenbanken, die Einwanderer und religiöse Randgruppen betreffen.

http://archiver.rootsweb.com

Im Archiv können Sie E-Mails zu bestimmten Namen oder ausgewählten Regionen suchen. Nehmen Sie sich Zeit!

www.tsm-elissa.org

Informationen über Einwandererschiffe, die statt Ellis Island den texanischen Hafen Galvestone anliefen.

www.gencircles.com

Kostenlose Hilfe von Übersetzern im französischen Ahnenforschungsnetz, 34 Sprachen, lange Wartezeiten. Alles über E-Mail; ein Danke genügt.

www.avotaynu.com

Gratishilfe bei der Suche nach jüdischen Vorfahren.

www.ancestorsupersearch.com

Kostenlose Datenbanken mit Personaldaten von 1,4 Millionen Engländern. Gewöhnungsbedürftige Suche.

Die weltgrößte Sammlung an genealogischen Links

www.cyndislist.com

Fast eine Viertelmillion Links zur Genealogie. Eine kaum zu überbietende Supersammlung, die von Tag zu Tag wächst. Allerdings in Englisch!

www.biggislist.de

Gewissermaßen die „kleine Schwester" aus Deutschland.

www.ahnenforschung.net

Eine Spitzenseite mit buntem Allerlei zur Ahnenforschung.

www.ahnenforschung.org

Gut, vor allem die Newsgroups bieten viele Infos.

www.genealogienetz.de

Unübertroffen in der Reichhaltigkeit. Informationen, Tipps und praktisch nutzbare Links. In Deutsch!

http://home.bawue.de/~hanacek/info/ddatbase.htm

Alt, aber mit vielen noch immer guten wertvollen Links.

www.ihff.at

Schlicht in der Aufmachung, groß in der Leistung.

Die Supersite aus Österreich. Besonders praktisch: Die Ortssuche in Österreich, Tschechien und Slowenien.

www.krone.at/family/stammbaum_total.html

Die alte, hervorragend gemachte Serie der Kronenzeitung. Viele Links mit Musterbriefen in vielen Sprachen.

www.literature.at

4000 Bücher zum Online-Lesen. Keine Ahnenforschung, aber dafür viel Geschichte, u. a. 60-bändiges Adelsverzeichnis.

www.rat.de/kuijsten/navigator/austria/index.html

Nicht erschrecken! Auf dieser Site öffnen sich gleich 11 Browser-Screens auf einmal. Vorher können Sie in 40 Staaten und 11 ausgesuchten Datenbanken nach einem bestimmten Namen forschen.

www.eye.ch/swissgen/intro-d.htm

Die Hauptanlaufstelle für Familienforscher in der Schweiz.

http://biggislist.genealogy.net

Von dieser Seite aus können Sie die Schweiz direkt anwählen.

http://anno.onb.at

Der noch kleine online-Lesesaal der Österreichischen Nationalbibliothek. Hier gibt es unter anderem von der Wiener Zeitung die Jahrgänge 1780/81 sowie 1808 bis 1938 (!) zum seitenweisen Durchblättern.

www.arbeiter-zeitung.at

Ein zeitgeschichtliches Zeitungsarchiv (1945 bis 1989) ist gratis abrufbar, 1889 bis 1945 ist noch in Arbeit.

Forschungshilfe in Österreich

www.adler-wien.org

Homepage der 1870 gegründeten Genealogengesellschaft in Wien.

www.ihff.at

Die österreichische Supersite von Ing. Gundacker.

www.ahnenforschung-austria.com

Hier stellt sich der vor allem in den westlichen Bundesländern arbeitende Berufsgenealoge Hans-Peter Haberditz vor.

www.wien.gv.at/ma43/grabauskunft.htm

Hier finden Sie kostenlos ein Gräberverzeichnis für Wien. Sie brauchen nur den Namen des Verstorbenen einzugeben.

Professionelle Hilfe in Deutschland

www.genealogienetz.de/vereine/herold

Ein Pendant zum österreichischen „Adler". Alt und gut.

www.ahnenforschung.net/berufsgenealogen

Listenweise Berufsgenealogen aus allen deutschen Bundesländern. Was sie können und was sie kosten, müssen Sie selbst in Erfahrung bringen.

Professionelle Hilfe in der Schweiz

www.ghgz.ch

Die erste Adresse für Beratung und gute Tipps

www.ahneninfo.com

Ein erfahrener Schweizer Genealoge bietet seine Dienste an.

Hilfe in Ungarn, Tschechien und der Slowakei

www.genealogy.hu/

Die Homepage des prominenten ungarischen Genealogen Dr. Alexander A. Harmath.

www.cyndislist.com/czech.htm#Professional

Hier liefert Cyndi Howell viele Links zu Berufsgenealogen dieses Raums.

www.genealogy-heraldry.sk

Berufsgenealogen in der Slowakei und anderen Staaten bis hin nach Russland.

Wenn es die Ahnen ins Ausland zog

www.auswanderer.lad-bw.de

Kostenloser Online-Zugriff im Hauptstaatsarchiv Stuttgart mit Daten der Auswandererdatenbank. Auch Österreicher und Schweizer.

www.staatsarchive.niedersachsen.de

Kostenpflichtige Auswandererdatenbanken.

www.passagierlisten.de

Site des Genealogenvereins DIE MAUS und der Handelskammer Bremen mit Passagierlisten 1920 bis 1939 für Auswanderer und Passagiere, die über Bremen Europa verließen. Gratis-online-Recherche.

www.dausa.de

1586 Mikrofilmrollen mit Passagierlisten. Das Material stammt aus den USA.

www.ellisisland.org

Kostenlose Internetrecherche nach Auswanderern zwischen 1892 und 1924. Registrierung unbedingt nötig.

www.jewishgen.org/databases/EIDB

Vereinfachter Schnellzugriff auf die Ellis-Island-Datenbank.

www.archives.gov

Online-Informationen zu den Einbürgerungsdokumenten.

www.familysearch.org

Datenbank mit 60 Millionen Einwanderern. Auch Online-Abfrage ist möglich.

www.spacestar.com/users/hapander/burgen.html

Die für Österreicher (speziell Burgenländer) in den USA eingerichtete Site mit ungeheuer vielen informativen Links zu Genealogiequellen in der alten Heimat.

http://users.zoominternet.net/~kresh/bb_urls.html

Hier finden Sie die Links.

Musterbriefe in vielen Sprachen

www.genealogienetz.de

Link „Vorlagen für Briefe" anklicken oder „Transserv" für Gratisübersetzungen ganz kurzer Texte.

www.familysearch.org

Alles leider nur englisch, doch wenn Sie nach „Letter writing guides" suchen, erhalten Sie Musterbriefe in acht Fremdsprachen.

Andere Religionen, andere Volksgruppen

www.jewishgen.org/ajgs

Für die Suche nach jüdischen Ahnen; Links zu 60 weltweiten Organisationen; gratis, aber nur Englisch und stark amerikalastig.

www.cyndislist.com/jewish.htm

In bewährter Manier liefert Cyndi auch für die Suche nach jüdischen Ahnen viele gute Links (englisch).

www.biggislist.de

Ebenfalls englisch.

www.eye.ch/swissgen/ver/jeinfo-d.htm

Für die Suche nach jüdischen Vorfahren, die einen Konnex zur Schweiz hatten.

www.ikg-wien.at/site/html/start.htm

Die Homepage der Israelitischen Kultusgemeinde in Wien für Suche und Hilfe.

www.schalom.at

Daten über die Gräber auf den jüdischen Friedhöfen in Österreich.

www.uni-heidelberg.de/institute/sonst/aj/index.html

Homepage des Zentralarchivs zur Forschung der Juden in Deutschland.

http://groups.msn.com/Genpals2003/home.htm

Die ausgezeichnete MSN-Newsgroup GENPALS hat viele Links, unter anderem auch über „Jewish Genealogy".

www.hugenotten.de/u/linkliste.html

Auf dieser Site finden Sie eine umfangreiche Linkliste zu Hugenotten-Seiten in Europa, USA und Südamerika.

Alte Schriften lesen lernen

www.uni-saarland.de/~m.hahn/slp2000.htm

Sütterlin Lernprogramm zum Gratis-Download.

http://ahnenforschungen.de/apps/Populaer/seite2.php

Weitere Freewareprogramme für alte deutsche Schriften.

www.genealogienetz.de

Bei den Links „Umrechnungstabellen" sowie „Begriffe, Symbole" gibt es alle Gratisinfos.

http://ahnenforschung.net/lexikon/

Online-Lexikon für alle diese Probleme.

www.latein-woerterbuch.de/latein/text.htm

Shareware-Programm zum Gratis-Download; Registrierung kostet 15 Euro.

Mauern und tote Punkte

http://groups.msn.com/Genpals2003/home.msnw

Die Mitglieder der Newsgroup helfen gratis, wenn Sie einmal an einen toten Punkt kommen.

Wie füllen Sie die Formulare aus

Auf den folgenden Seiten finden Sie verschiedene Formulare. Das **Personenblatt** dient zum Festhalten aller Daten einer Person, mit wem sie verheiratet war und auf der zweiten Seite die Daten der Kinder aus dieser Ehe. In die Kästchen rechts oben tragen Sie die Kekulé-Nummer ein. Also 2 für Ihren Vater und 3 für Ihre Mutter. Ihr Großvater väterlicherseits erhält die Nummer 4 und Ihre Großmutter väterlicherseits die Nummer 5 usw. Achten Sie besonders auf das Eintragen der Dokumente, damit Sie später alle Quellen kennen und von diesen ausgehend weiterforschen C. Bitte schreiben Sie sehr deutlich und sorgfältig, am besten in Blockbuchstaben. Schlampig Geschriebenes kann sehr leicht zu schweren Fehlern und Irrtümern führen, die Sie viel Zeit kosten!
Auf den **Ermittlungsblättern** sollten Sie jeden einzelnen Forschungsschritt mit allen Daten festhalten.
Kopieren Sie diese Vorlagen in ausreichender Zahl und lassen Sie sie gegebenenfalls auf Format A4 vergrößern.

PERSONENBLATT NR. ____

Familienname ....

Vorname(n) ....

Geboren am .... in ....

Dokument ....

Beruf ....

Konfession .... Getauft am ....

Dokument ....

Gestorben am .... in ....

Dokument ....

VERHEIRATET MIT

Eheschließung am .... in ....

Dokument ....

Geburtsname ....

Vorname(n) ....

Geboren am .... in ....

Dokument ....

Beruf ....

Konfession .... Getauft am ....

Dokument ....

Gestorben am .... in ....

Dokument ....

KINDER VON [ ] ∞ [ ] **BLATT Nr.**

Name ....

Geboren .... in ....

Dokument ....

Gestorben am .... in ....

Dokument ....

Name ....

Geboren .... in ....

Dokument ....

Gestorben am .... in ....

Dokument ....

Name ....

Geboren .... in ....

Dokument ....

Gestorben am .... in ....

Dokument ....

Name ....

Geboren .... in ....

Dokument ....

Gestorben am .... in ....

Dokument ....

ERMITTLUNGSBLATT NR ____

DATUM	ADRESSE	GESUCHTE INFO	ERHALTENE INFO	BETRAG BEILAGE